Bernd Rüthers

Deutsche Funktionseliten als Wende-Experten?

Bernd Rüthers

Deutsche Funktionseliten als Wende-Experten?

Erinnerungskulturen im Wandel der Systeme und Ideologien 1933, 1945/49 und 1989

UVK Verlagsgesellschaft · Konstanz und München

Bibliografische Information der Deutschen Nationalbibliothek
Die Deutsche Nationalbibliothek verzeichnet diese Publikation in der Deutschen Nationalbibliografie; detaillierte bibliografische Daten sind im Internet über
http://dnb.d-nb.de abrufbar.

ISBN 978-3-86764-824-0 (Print)
ISBN 978-3-7398-0389-0 (EPUB)
ISBN 978-3-7398-0390-6 (EPDF)

Einbandgestaltung: Susanne Fuellhaas, Konstanz
Printed in Germany

UVK Verlagsgesellschaft mbH
Schützenstr. 24 · D-78462 Konstanz
Tel.: 07531-9053-0 · Fax: 07531-9053-98
www.uvk.de

Inhaltsverzeichnis

Vorwort

Dieser Text hat eine Vorgeschichte. Im Mai 2016 hatte ich einen Beitrag zum Thema „Verfälschte Geschichtsbilder deutscher Juristen?“ publiziert[1]. Er schildert die erstaunlichen „Erinnerungskulturen“ und Verdrängungen der Juristen bezüglich ihrer Disziplingeschichte im NS-Staat und im SED-Staat. Sie sind noch heute noch in juristischen Funktionseliten anzutreffen. Eine Ursache dafür ist das „Wissenschaftsklima“ nach solchen Verfassungsumbrüchen. Sie erzeugten eine neue Literaturgattung („Wendeliteraturen“), eine neue „juristische Dogmatik“ aufgrund der neuen Grundwerte und zusätzlich eine lebhafte „Methodenkontroverse“.

Der mir bekannte Redakteur einer überregionalen Tageszeitung regte mich nach der Lektüre an, für sein Blatt der Frage nachzugehen, ob dieses Phänomen verfälschter Geschichtsbilder nur bei den Juristen anzutreffen sei oder ob ähnliche Verdrängungen und Wahrnehmungsblockaden auch in anderen Lebensbereichen vorliegen. Das Thema reizte mich, und ich dehnte meine Recherche auf andere staatsnahe Disziplinen aus. Vom Ergebnis war er angetan. Wenig später teilte er mit Bedauern mit, die Redaktion habe den von ihm angeregten Text abgelehnt. Meine Frage nach den Gründen blieb unbeantwortet.

1 Neue Juristische Wochenschrift 15/2016, S. 1068 ff.

Meine Nachforschungen zu der erweiterten Thematik hatten mich inzwischen gefesselt. Ich legte den neuen Text einer „Monatsschrift für europäisches Denken“ vor. Die Redaktion war ebenfalls zunächst sehr interessiert. Später wurde ich gebeten, den aus ihrer Sicht zu schwachen, mir allerdings eklatant erscheinenden, Gegenwartsbezug des Themas stärker herauszuarbeiten. Nach mehrfachem Hin und Her machte der zuständige Redakteur einen vage begründeten Rückzieher. Vielleicht hatte ich mit der pointierten Darstellung der Anpassungszwänge der Journalisten und der „medialen Zeitgeistverstärkung“ in den beiden deutschen totalitären Diktaturen und danach eine zu deutliche Parallele zu den Juristen aufgezeigt?

Im Nachhinein bin ich beiden Redaktionen dankbar. Die Scheu oder auch die Unwilligkeit, sich an die breite Verstrickung der jeweiligen Bevölkerung in das Unrecht der beiden Totalitarismen in Deutschland zu erinnern, dauert in vielen Lebensbereichen an. Das hat mich zu einer Ergänzung, Vertiefung und Aktualisierung der beiden Entwürfe angeregt. Navid Kermani hat dazu kürzlich unter dem Titel „Auschwitz morgen – Die Zukunft der Erinnerung“ und den Folgen ihrer Verdrängung einen eindringlichen Vortrag gehalten (FAZ vom 7. Juli 2017, S. 9).

Auszüge aus dem folgenden Text habe ich am 9. Mai 2017 im Exzellenzcluster „Kulturelle Grundlagen der Integration“ der Universität Konstanz vor einem interdisziplinären Publikum zur Diskussion gestellt.

Dem UVK Verlag Konstanz danke ich für die Aufnahme in sein Programm, das sorgfältige Lektorat und wichtige konstruktive Hinweise, denen ich gern gefolgt bin. Der Universität Konstanz danke ich für die langjährigen, guten Arbeitsbedingungen als Emeritus. Meiner Mitarbeiterin Frau cand. jur. Sarah Wenk schulde ich für die sorgfältige Korrektur und für vielfältige kritische Anregungen herzlichen Dank!

Den Lesern bin ich für kritische Hinweise verbunden.[2]

Konstanz, im August 2017

Bernd Rüthers

2 bernd.ruethers@uni-konstanz.de

I. Zu den Erinnerungskulturen

Deutschland hat zwischen 1919 und 1989, also in siebzig Jahren, sieben politische Systeme erlebt: Kaiserreich, WRV, NS-Staat, Besatzungsrecht, BR, DDR, die vereinigte BR mit ihrer Integration in die EU. Die regime-nahen Führungseliten in Staat und Gesellschaft haben nach den genannten Umbrüchen je eigene Erinnerungsbilder entwickelt, neuerdings heißt das „Erinnerungskulturen". Welche Art von „Kulturen" sind das? Welche Folgen haben sie? – Das ist unser Thema.

Jede Gesellschaft und jeder Staat braucht Eliten, um die wechselnden, jeweils etablierten spezifischen „Grundwerte" und weltanschaulichen Ziele zu verwirklichen. Diese „Funktionseliten" bilden in jedem System eine spezifische soziologische Gruppe. Ihre Führungsaufgaben bewirken eine Sonderstellung, die mit Loyalitätsverpflichtungen gegenüber den in Staat und Gesellschaft „Herrschenden" verbunden sind. Diese elitären Funktionen führen in der Regel neben den bestehenden Rechtspflichten zu gemeinsamen Denk- und Verhaltensmustern. Eliten entwickeln oft ein eigenes Welt- und Geschichtsbild von Vergangenheit, Gegenwart und Zukunft. Dabei spielen, neben einem Mindestmaß an Identifikation mit der neuen Ordnung, in der

Regel die Karrierehoffnungen der Mitglieder im neuen System eine maßgebliche Rolle.[1]

Deutschland bietet mit den Erfahrungen der zahlreichen System- und Verfassungswechseln für eine vergleichende Betrachtung umfangreiches Anschauungsmaterial. Der Verfasser ist 1963 bei der Suche nach einem Habilitationsthema relativ zufällig mit dieser Problematik konfrontiert worden.[2]

Ich beginne also bei meinem Fach, der Rechtswissenschaft. Im Mai 2016 hatte ich über die verfälschten Geschichtsbilder vieler Juristen zu ihrer Rolle in der NS-Zeit den im Vorwort erwähnten Aufsatz geschrieben.[3] Von einem interessierten Journalisten wurde ich angeregt, die Frage zu erweitern: „Haben nur die Juristen ihre NS-Vergangenheit verdrängt, beschönigt und ‚kommunikativ beschwiegen' oder geschah das auch in anderen Lebensbereichen?" Die Frage reizte mich: Leben wir in einer Republik mit falschen Geschichtsbildern unserer Führungsstäbe?

---

1 Dazu B. Rüthers, Ideologie und Recht im Systemwechsel – Ein Beitrag zur Ideologieanfälligkeit geistiger Berufe, München 1992; 2. Auflage 1995.

2 Hinweise findet der Leser im Nachwort zur 8. Auflage „Die unbegrenzte Auslegung – Zum Wandel der Privatrechtsordnung im Nationalsozialismus", Tübingen 2017, S. 477 ff.

3 B. Rüthers, Verfälschte Geschichtsbilder deutscher Juristen? NJW 15/2016, S. 1068-1074; ders., Geschönte Geschichte – Geschonte Biographien / Sozialisationskohorten in Wendeliteraturen, 2. Auflage, Tübingen 2015.

Wie kam es dazu bei den Juristen? In den Lehrplänen der Juristenausbildung wurde die Rechts- und Methodengeschichte des NS-Staates über Jahrzehnte hin entweder überhaupt nicht oder allenfalls am Rande behandelt. Das hatte plausible Gründe. Die Professoren, die Ministerialstäbe und die Funktionseliten fast aller Gesellschaftsbereiche waren überwiegend schon vor 1945 im Amt gewesen. Sie hatten, soweit sie Beamte waren, den Eid auf den Führer geleistet und waren zudem auch in der Mehrzahl der Fälle Mitglieder der NSDAP gewesen. Doch bei den nachfolgenden Juristengenerationen sind durch diese Verschweigungen falsche Geschichtsbilder entstanden.

Zwei beispielhafte juristische Lebensläufe: Der Rechtsphilosoph Carl August Emge (1886–1970) war Mitglied der NSDAP seit 1931, wurde 1934 Vorsitzender des Ausschusses für Rechtsphilosophie der vom „Reichsrechtsführer" und späteren Massenmörder Hans Frank[4] geschaffenen „Akademie für Deutsches Recht" (Vorsitzender von 1934–1945; 1937–1942 deren Vizepräsident); von 1939 bis 1945 war er Mitglied der Preußischen Akademie der Wissenschaften. 1949 gehörte er zu den Mitbegründern der Akademie der Wissenschaften und der Literatur in Mainz. Bis zu seiner Emeritierung 1957 lehrte er als Professor in Würzburg.

4 Er wurde im Nürnberger Prozess gegen die Hauptkriegsverbrecher vor dem Internationalen Militärgerichtshof zum Tode verurteilt und hingerichtet.

Emge schwieg, wie die Mehrheit seiner Generation, über seine führende Rolle in der NS-Zeit. Allerdings fasste er in der Rückschau auf seine Erlebnisse in den drei System- und Verfassungswechseln in seinem Alterswerk „Die Philosophie der Rechtswissenschaft" (1961) in die selbstkritische These zusammen: Die juristische Dogmatik sei die *„Höchstform der (jeweils herrschenden) Ideologie"*.[5]

Diese Erkenntnis Emges fand bei seinen Kollegen wenig Anklang und Echo. Unter Juristen wird die **juristische Dogmatik** im Gegenteil bis heute überwiegend als quasi feststehende **wissenschaftlich erwiesene Wahrheit** verstanden. Emge sah darin im Kern vor allem normativ geronnene **weltanschauliche Vorverständnisse**, also Ideologie. Juristen mögen es nicht, wenn der Bezug ihrer Wissenschaft zu der unvermeidbaren jeweiligen juristischen Basisideologie (heute: **die Grundwerte**) aufgedeckt wird.[6]

Fritz Hartung (1884–1973) war im Strafrecht habilitierter Reichsgerichtsrat von 1929 bis 1945, zu-

---

5 C. A. Emge, Philosophie der Rechtswissenschaft, Berlin 1961, S. 326 ff.

6 Das zeigt das lebhafte Echo auf mein Buch „Ideologie und Recht im Systemwechsel in beiden Auflagen, vgl. Simon in: Rechtshistorisches Journal 12 (1993) S. 642-645; Stolleis, Auf den Ideologiebegriff verzichten, DUZ v. 17.2.1993, S. 27; Kübler, Juristisches Vorverständnis zwischen Ideologieverdacht und universaler Diskursverpflichtung, in: Liber Amicorum Josef Esser, Heidelberg 1995, S. 91 ff.; Landau ZNR 1994, S. 373, 389 f.; Müller-Dietz JZ 1993 S. 831; Redeker, Über Ideologie, Zeitgeist und Recht, NJW 1993 S. 2853; Sendler DÖV 1993 S. 1019.

nächst Mitglied der SPD und des „Republikanischen Richterbundes"; dann 1937 Mitglied der NSDAP. Im 3. (politischen) Strafsenat des RG war er an der verschärften Rechtsprechung zur „Rassenschande" beteiligt. 1961 wurde er Mitglied der Regierungskommission zur „Reform des Strafrechts" der Bundesrepublik. 1971 erschien sein Erinnerungsbuch „Jurist unter vier Reichen" u. a. über seine mehrfachen Eide. Es enthielt die These:

„Auf juristischem, insbesondere strafrechtlichem Gebiet hat das nationalsozialistische Regime … Fortschritte von grundlegender Bedeutung gebracht …, Verbesserungen, die bis heute Bestand haben und aus dem Strafrecht nicht mehr wegzudenken sind." [Jurist unter vier Reichen, S. 123]

Emge und Hartung gehören zu den wenigen Juristen, die sich nach 1949 zur Rolle der Rechtswissenschaft und der Justiz im Wechsel der Systeme und Verfassungen überhaupt geäußert haben.

II. Personelle Kontinuitäten – verweigerte Erinnerungen

In Westdeutschland – anders als in der „Sowjetzone" – blieben die meisten Funktionseliten in Staat, Gesellschaft und Wirtschaft nach 1945 weiter in ihren Berufen und Positionen tätig. Sie wurden nicht selten Leitfiguren in ihrem Wirkungsbereich, viele Juraprofessoren sogar „Klassiker" ihrer Rechtsgebiete.

Sie profitierten von der verbreitet vertretenen, pragmatischen Auffassung, die Integration der Mehrheit der erfolgreichen Funktionsträger mit NS-Vergangenheit sei für den zügigen Aufbau einer demokratischen Bundesrepublik unverzichtbar. Der Aufstieg des Dr. Hans Globke (Kommentator der antisemitischen „Blutschutzgesetze" von 1935) zum Staatssekretär im Bundeskanzleramt (1953) unter Konrad Adenauer steht dafür exemplarisch.

Ein weiteres Beispiel ist der Strafrechtler Georg Dahm, geboren 1904. 1925 SPD-Mitglied, 1933 Mitglied der NSDAP, der SA sowie der „Kieler Schule" („Stoßtrupp-Fakultät" zur Förderung der völkischen NS-Rechtserneuerung).

Dahm war in Kiel Nachfolger des berühmten jüdischen Kollegen Hermann Kantorowicz.[7] Dahm drück-

7 Ähnlich Karl Larenz (Nachfolger von Gerhart Husserl), Friedrich Schaffstein (Nachfolger des als „unvölkisch" geltenden Hans von Hentig), Franz Wieacker (Nachfolger von Karl Rauch), Ernst Ru-

te seinen historischen Umgang mit der Rechtsentwicklung im Nationalsozialismus 1963 in der 3. Auflage seines Buches „Deutsches Recht" von 1944 so aus: *„Über den Nationalsozialismus zu sprechen ist es noch nicht an der Zeit* [...] *Maßloser Überschätzung ist die maßlose Verwerfung und Herabsetzung* [...] *gefolgt."* Diese Auffassung teilte er mit vielen Kollegen nicht nur der Kieler Schule. Gemeinsam waren sie der Überzeugung, über diese Epoche könne nur reden und schreiben, wer sie selbst erlebt habe.

Einen besonderen Fall bildet der unter zwei Verfassungen erfolgreiche Strafrechtsprofessor Edmund Mezger.[8] Er forderte schon 1933 ein **rassisch ausgerichtetes** *„NS-Feindstrafrecht"*. 1935 schrieb er die Abhandlung „Der strafrechtliche Schutz von Staat, Partei und Volk". Er definierte 1935 **rechtswidriges Handeln** schlicht als *„Handeln gegen die deutsche nationalsozialistische Weltanschauung"*. Während des Zweiten Weltkriegs gehörte er der Strafrechtskommission unter dem Reichsjustizminister Franz Gürtner und Roland Freisler an. 1944 schrieb er über die angeblich hohe Kriminalität der Juden:

„Gerade bei der besonderen Kriminalität der Juden leiden die älteren Untersuchungen an einer ungenügenden Un-

---

dolf Huber (Nachfolger von Walter Schücking) und Ernst Forsthoff (Nachfolger des rechtzeitig emigrierten Hermann Heller in Frankfurt a.M.).

8 Eingehend dazu Francisco Muñoz Conde: Edmund Mezger – Beiträge zu einem deutschen Juristenleben, Berlin 2007.

terscheidung zwischen Rasse und Konfession [...] *In der Rassengesetzgebung des neuen Staates findet die neue Rasse selbst nunmehr ihre genügende Berücksichtigung*" und forderte *„rassehygienische Maßnahmen zur Ausrottung krimineller Stämme*" sowie die *„Ausmerzung volks- und rasseschädlicher Teile der Bevölkerung*".

Von 1943 bis 1945 arbeitete er für Heinrich Himmler an einem Gesetzentwurf für ein „Gemeinschaftsfremdengesetz".[9] Himmler verschaffte ihm 1944 eine Sondererlaubnis zum Besuch eines Konzentrationslagers. Trotz dieses besonderen rassistischen Engagements haben Mezgers Lehrbücher nach 1945 in mehreren Auflagen über Jahrzehnte hin die strafrechtliche Juristenausbildung der Bundesrepublik geprägt.

Hartung und Emge sind also keine Einzelfälle. Sie repräsentieren, auch mit ihren Erinnerungsbildern, einerseits die mehrheitliche soziale Herkunft aus dem nationalkonservativen Bürgertum mit deutlicher Skepsis und Distanz gegenüber der „revolutionär zur Macht

9 Der erste 1942 vorliegende Entwurf war ein Beispiel nationalsozialistischen Täterstrafrechts: Es sollten in erster Linie bestimmte Persönlichkeitstypen und Lebensweisen verfolgt werden – es ging nicht um ein rechtswidriges oder „gesellschaftsschädigendes" Tun. Dieser Strafansatz wurde nicht durchgehalten, da schließlich auch Straftaten von „Hang- und Neigungsverbrechern" als Kriterium für „Gemeinschaftsfremdheit" herangezogen wurden. Bis 1944 unterschieden die Entwürfe fünf Gruppen von „Gemeinschaftsfremden", nämlich als „Versager", „Tunichtgute und Schmarotzer", „Taugenichtse", „Störenfriede" und „gemeinschaftsfeindliche Verbrecher und Neigungsverbrecher".

gelangten, demokratischen Weimarer Republik".[10] Andererseits vertraten sie zugleich die Meinungen der Mehrheit der NS-Funktionseliten in der Nachkriegszeit. Das gilt auch für zahlreiche Autoren, die mit ihrer Forschung, Literatur und Lehre an der „völkisch-rassischen Rechtserneuerung" aktiv mitgewirkt hatten. Nicht wenige von ihnen wurden bald wieder zu akademischen Leitfiguren der Nachkriegsjurisprudenz.[11] Sie waren am Neubau der Staats- und Gesellschaftsordnung nach 1949 und der Schaffung einer ihnen gemäßen „Erinnerungskultur" maßgeblich beteiligt.

Unbefangene öffentliche Erörterungen zur Geschichte der maßgeblichen Personalstäbe in der NS-Zeit wa-

---

10 Zu den Gegnern der Weimarer Republik gehörten auch erhebliche Teile der beiden christlichen Konfessionen in Deutschland. Beispielhaft dafür ist die Eröffnungsrede von Kardinal Faulhaber am 62. Deutschen Katholikentag am 27. August 1922 in München. Er sah die Novemberrevolution von 1918 als ihr entscheidendes Gründungsmerkmal an. Sie sei hervorgegangen aus Meineid und Hochverrat. Sie sei erblich belastet und mit diesem „Kainsmal" gezeichnet. Eine Untat dürfe nicht der Erfolge wegen heiliggesprochen werden. Die Frage nach der Legitimität der Weimarer Republik führte zu einem scharfen Disput Faulhabers mit dem amtierenden Katholikentagspräsidenten Konrad Adenauer. Dieser entgegnete dem Kardinal in seiner Schlussansprache: „Es sind […] Äußerungen gefallen, die man sich aus Verhältnissen örtlicher Natur erklären kann, hinter denen aber die Gesamtheit der deutschen Katholiken nicht steht." Vgl. dazu H. Stehkämper, Konrad Adenauer als Katholikentagspräsident 1922. Formen und Grenzen politischer Entscheidungsfreiheit im katholischen Raum (Veröffentlichungen der Kommission für Zeitgeschichte B 21), Mainz 1977.

11 B. Rüthers, Verfälschte Geschichtsbilder deutscher Juristen? NJW 15/2016, s. 1068-1074.

ren nach 1945 nicht nur in den Rechtsfakultäten der Bundesrepublik lange Zeit unerwünscht und selten. In den westdeutschen Fakultäten aller staatsnahen Disziplinen amtierten nach 1949 überwiegend Kollegen, die diesen Beruf bereits vor 1945 ausgeübt hatten (in meiner Studienzeit in Münster ab 1950 über 80 %).

Das führt zu der schwierigen Frage:
Mit welchen Führungskräften baut man nach dem Zusammenbruch einer totalitären Diktatur einen demokratischen Rechtsstaat auf?

Sie war nach 1945 und ist bis heute umstritten. Die Neigung NS-belasteter Führungsstäbe, sich mit ihrer Verstrickung in den Nationalsozialismus auseinanderzusetzen, war nach dem Untergang des NS-Regimes gering. Sie hatten ihren akademischen Aufstieg nach 1933 ganz überwiegend der Vertreibung ihrer jüdischen Kollegen zu verdanken. Das Gesetz zur sog. Wiederherstellung des Berufsbeamtentums vom 7. April 1933 hatte ihnen die freiwerdenden Lehrstühle oder gehobenen Positionen in anderen Lebensbereichen verschafft.

Ein einvernehmliches Schweigegebot über die Rolle der Wissenschaft in der NS-Zeit bestimmte das Diskursklima in der frühen Bundesrepublik. Auch die unbelasteten Fakultäts- und Fachkollegen hielten sich daran, sogar die wenigen jüdischen Remigranten.

Die jüngeren Wissenschaftler erfuhren so oft nichts über diese juristischen Vergangenheiten. Wenn sie solche Fragen stellten, mussten sie befürchten, als „Nestbeschmutzer“ und „Nazi-Jäger“ ihre Karriere zu gefährden.

An den meisten Fakultäten, die mit ehemals aktiven NS-Kollegen besetzt waren, hatten sie geringe Berufungschancen. Nicht selten stießen sie darüber hinaus auf offene Aggressionen oder verdeckte Diffamierungen.[12] Soweit in den Fakultäten Ringvorlesungen oder historische Untersuchungen zu ihrer NS-Geschichte stattfanden, wurde sorgfältig darauf geachtet, dass das Ansehen noch aktiver Kollegen davon nicht berührt wurde.

12 Näher dazu B. Rüthers, Die unbegrenzte Auslegung, Nachwort zur 8. Auflage, Tübingen 2017, S. 477 ff., ders., Geschönte Geschichten – Geschonte Biographien, Nachwort zur 2. Aufl. Tübingen 2015, S. 163 ff.

III. Nachgeholte Hausaufgaben

Erst in den 1990er Jahren, also mehr als vier Jahrzehnte nach der Gründung der Bundesrepublik, setzten Bemühungen ein, die Personalstäbe einiger Ministerien der Bundesrepublik auf ihre NS-Vergangenheit zu untersuchen, für das Außenamt 2010, für das Justizministerium ab 2012.

Der Abschlussbericht des Bundesjustizministeriums zu dieser mehrjährigen Untersuchung[13] zeigt, in welchem Ausmaß das BMJ nach der Gründung der Bundesrepublik 1949 und auch später noch zunehmend von ehemals überzeugten Nationalsozialisten durchsetzt war. Das gilt besonders für die Strafrechtsabteilung. In den Gerichten, den Staatsanwaltschaften vor Ort und im Polizeiapparat war es nicht wesentlich anders.

Auch der Vorbericht einer vom Bundesinnenminister 2014 in Auftrag gegebenen Untersuchung zur Geschichte seines Hauses in der NS-Zeit zeigt ein für viele Ministerien typisches Ergebnis: Von der „Referatsleiterebene" an aufwärts waren zwischen 1949 und 1970 durchschnittlich 54% aller Mitarbeiter im BMI vor 1945 Mitglieder der NSDAP gewesen. Im Juli 1961 waren es 66%. Im Innenministerium der DDR waren es 14%. Viele Karrieren in den obersten Bundesgerichten, selbst im Bundesverfassungsgericht (B: Willi Gei-

13 Görtemaker, Manfred / Safferling, Christoph, Die Akte Rosenburg – Das Bundesministerium der Justiz und die NS-Zeit, München 2016.

ger[14]), bestätigen dieses Bild; ebenso die Erlebnisse des hessischen Generalstaatsanwalts Fritz Bauer. Er musste die Auschwitzprozesse in Frankfurt a. M. gegen heftige Widerstände auch aus der Justiz und dem eigenen Hause durchsetzen. Wenn er sein Dienstzimmer verließ, fühlte er sich nach eigenem Bekunden „in Feindesland". Mit Blick auf diese reale „Durchsetzung" aller staatlichen und gesellschaftlichen Institutionen der jungen Bundesrepublik mit Funktionseliten der NS-Zeit wird verständlich, dass die Ermittlung und Verfolgung der Beteiligten an den Verbrechen des NS-Regimes von den zuständigen Behörden in Polizei und

14 Willi Geiger (1909–1992) verfasste 1940 eine Dissertation zum Thema „Die Rechtsstellung des Schriftleiters nach dem Gesetz vom 4. Oktober 1933". Darin rechtfertigte er die antisemitischen Berufsverbote für Journalisten. Die Vorschrift habe „mit einem Schlag den übermächtigen, volksschädigenden und kulturverletzenden Einfluß der jüdischen Rasse auf dem Gebiet der Presse beseitigt". 1941 bis 1943 war Geiger als Staatsanwalt am Sondergericht Bamberg tätig. Er erwirkte dort in mindestens fünf Fällen Todesurteile. Nach 1945 von einer Spruchkammer als „entlastet" eingestuft, wurde er Oberlandesgerichtsrat am Oberlandesgericht Bamberg, 1949 Leiter des Verfassungsreferates im Bundesministerium der Justiz und persönlicher Referent des ersten Justizministers Thomas Dehler. 1950 wurde er als sog. „neutraler" Richter an den Bundesgerichtshof berufen, ab 1951 war er dort Senatspräsident. Von 1951 bis 1977 war er Richter des Bundesverfassungsgerichts und damit 10 Jahre zugleich Richter am BGH und am BVerfG. Seine Amtszeit war die längste aller Verfassungsrichter der Bundesrepublik. Seine Dissertation und seine Tätigkeit am Sondergericht Bamberg waren stark vom *Rassismus* („Naturrecht aus Blut und Boden") des NS-Regimes geprägt. Nach 1945 trat er mit vergleichbarem Engagement in zahlreichen Publikationen und Vorträgen für *das christliche Naturrecht* ein.

Justiz lange verzögert, teils bewusst verhindert wurde. Es geht also bei der Analyse dieser Erinnerungskulturen nicht um „alte Kamellen", sondern um deren Fortwirkungen bis in das öffentliche Bewusstsein der Gegenwart.

Ähnliche Erscheinungen waren in den Verwaltungsstrukturen mancher Bundesländer der frühen Bundesrepublik zu beobachten. So hat der Landtag von Schleswig-Holstein die NS-Vergangenheit seiner Abgeordneten in der NS-Zeit von einem Forscherteam untersuchen lassen.[15] Die Ergebnisse solcher Untersuchungen in den Ländern zeigen, dass ehemalige Nationalsozialisten in vielen Bereichen maßgebenden Einfluss auf die Landespolitik hatten.

Ein anderes Beispiel bietet die Durchmischung der FDP von Nordrhein-Westfalen nach 1945 mit

15 Danker/Lehmann-Himmel, Landespolitik mit Vergangenheit. Geschichtswissenschaftliche Aufarbeitung der personellen und strukturellen Kontinuität in der schleswig-holsteinischen Legislative und Exekutive nach 1945. Durchgeführt im Auftrag des Schleswig-Holsteinischen Landtags, Husum 2017; vgl. schon Danker/Schwabe, Schleswig-Holstein und der Nationalsozialismus, Neumünster 2005. Vgl. ferner R. Pergande, Schattenseiten einer beispiellosen Integrationsleistung, FAZ v. 28. April 2016, S. 4.
Ein besonders krasses Beispiel ist der Fall „Heyde-Sawade". Prof. Dr. Werner Heyde war Mittäter und Obergutachter der Euthanasie-Aktion T4 während der Zeit des Nationalsozialismus. Nach Ende des Zweiten Weltkrieges konnte er unter dem Pseudonym Fritz Sawade mehrere Jahre als Arzt und vielbeschäftigter Gutachter mit Wissen zahlreicher Funktionseliten des Landes Schleswig-Holstein weiter praktizieren. Fünf Tage vor der Eröffnung des Prozesses wegen seiner Verbrechen beging Heyde Suizid. Die Anklage lautete auf Mord in mehr als 100.000 Fällen.

immer noch überzeugten Nationalsozialisten in den 1950er Jahren (z. B. Achenbach; Middelhauve; der SS-Generalleutnant H. Lammerding, Befehlsgeber der Massenmorde in Oradour, verbrachte unangefochten Jahrzehnte als erfolgreicher Bauunternehmer in Düsseldorf[16]).

Auch die juristischen Professorenvereinigungen haben sich nach 1949 bei der Analyse ihrer Rolle im Nationalsozialismus viel Zeit gelassen.

Das erklärt sich aus der Tatsache, dass die Neugründungen dieser Verbände nach 1949 ganz überwiegend von Kollegen betrieben wurden, die vor 1945 Mitglieder der NSDAP oder darüber hinaus engagiert gewesen waren. Die Verbandsgeschichte wurde konsequent „beschwiegen".

So machten die deutschen Staatsrechtslehrer das „Staatsrecht im Nationalsozialismus" erstmals 1998(!) zu einem **Nebenthema** einer ihrer Tagungen. In der

16 Vgl. Kristian Buchna, „Nationale Sammlung an Rhein und Ruhr – Friedrich Middelhauve und die nordrhein-westfälische FDP 1945–1953". Oldenbourg Verlag, München 2010; Peter Maxwill, Nazi-Verschwörung in der FDP – Geheimaufstand der Gauleiter, in: SPIEGEL-ONLINE, 15.1.2013; Heinz Lammerding (*27. August 1905 in Dortmund) war SS-Gruppenführer und Generalleutnant der Waffen-SS. Als Hauptverantwortlicher für die Massaker der 2. SS-Panzer-Division „Das Reich" an französischen Zivilisten in Oradour-sur-Glane und Tulle im Juni 1944 wurde er von einem französischen Gericht in Abwesenheit zum Tod verurteilt; er tauchte bis 1958 unter. Danach kam es in der Bundesrepublik zu keinem Gerichtsverfahren gegen ihn.

Diskussion lobten und bestätigten sich gegenseitig mehrere Redner 53 Jahre nach dem Zusammenbruch(!) den vermeintlichen „Mut" zu dieser Themenwahl. Das Staatsrecht der DDR wurde dagegen bereits 1992 auf einer Tagung ausführlich behandelt. Die Zivilrechtslehrer warteten bis 2013 mit einer knappen Analyse ihrer Beiträge zum Thema „Zur Methodengeschichte unter dem BGB in fünf Systemen".

Anders der Deutsche Juristentag. Er hatte sich schon 1933 von den anderen Juristenvereinigungen dadurch unterschieden, dass er nach der „Machtergreifung" durch eigenen Beschluss die bereits vorbereitete Tagung für das Jahr 1933 absagte und so eine Huldigung des neuen Regimes vermied. Sein Präsident (von 1962-1967) Prof. Ernst Friesenhahn setzte – gegen erhebliche Bedenken und Widerstände in der Ständigen Deputation und auch von Bundesländern – bereits 1966 (!) das Thema der **Strafverfolgung nationalsozialistischer Verbrechen** auf die Tagesordnung des 46. DJT in Essen. Er hielt dazu eine aufrüttelnde Rede.[17]

Dieses Thema wurde erst 2016, sechzig Jahre später, auf der Tagung in Essen erneut aufgegriffen. Auffällig war die Tatsache, dass die dort reichlich vertretene und aktiv in das Programm involvierte überregionale Presse (FAZ, Süddeutsche Zeitung, WELT) jeden Bericht über das überfüllte Colloquium zum Thema *„Wenn aus*

17 E. Friesenhahn, Probleme der Verfolgung und Ahndung nationalsozialistischer Gewaltverbrechen, Verhandlungen des 46. DJT, hrsg. von der Ständigen Deputation, Essen 1966, C 12-32, 12.

Recht Unrecht wird – Über die Verantwortung für die Herrschaft des Rechts" ausließ. Vielleicht war die **Pressegeschichte** im NS-Staat und danach die der **Rechtsgeschichte** sehr ähnlich?

Gerade am Beispiel der juristischen Berufe zeigt sich: Das Nachholen der unterbliebenen und verdrängten Aufarbeitung der beiden Diktaturen ist unerlässlich. Die entstandenen falschen Geschichtsbilder wirken bis in die Gegenwart nach. Die Lücken im öffentlichen Geschichtsbewusstsein prägen in allen staats- und ideologienahen Berufen noch heute gängige Verhaltensmuster und Wiederholungsrisiken.

IV. Zu den Mauern des Schweigens

1. Einvernehmliches Verschweigen als Therapie?

1983 formulierte der Philosoph Hermann Lübbe die These, das „kommunikative Beschweigen" über die Rolle der deutschen Funktionseliten in der NS-Zeit sei notwendig gewesen, um die große Mehrheit der Deutschen in den neuen demokratischen Staat zu integrieren.

Die Verstrickung vieler Deutscher in das NS-Regime sei

1. allen Deutschen bekannt gewesen und
2. allen Deutschen sei bewusst gewesen, dass der Nationalsozialismus mit dem Kriegsende „in jeder Hinsicht verspielt" hatte.

Deshalb habe die Distanzierung vom Nationalsozialismus als ein **normativer Konsens** fungiert. Nur so habe sich die Demokratie in Deutschland erfolgreich etablieren können.[18] Aus dieser Einsicht sei auch bei den nicht in das NS-Regime verstrickten Nachkriegseliten das verdeckte, weitgehend praktizierte **Schweigegebot** entstanden.

Dieses verdeckte Schweigegebot über die NS-Vergangenheit der Personalstäbe herrschte nicht nur in

18 Hermann Lübbe, Der Nationalsozialismus im deutschen Nachkriegsbewußtsein, in: Historische Zeitschrift 236 (1983), S. 579-599.

den Rechtsfakultäten; es wurde in fast allen Institutionen und Lebensbereichen der Bundesrepublik wie ein ungeschriebenes Gesetz beachtet. Das galt jedenfalls solange, wie NS-belastete Kollegen noch aktiv anwesend waren, übrigens auch in vielen Medien.[19] Es gab nicht selten eine einheitliche Schweigefront der NS-Belasteten und der Unbelasteten.[20]

Die vorbehaltlose Akzeptanz der umstrittenen[21] These von Lübbe schließt Risiken ein. Sie verdrängt die moralische Verantwortung für die Tatsache, dass die Mehrheit der Deutschen die Staatsverbrechen des Regimes spätestens seit dem 9.11.1938 und den Euthanasie-Verbrechen 1940/41 erkannt hatte. Die massenhafte Deportation der jüdischen Bevölkerung ab 1941/1942 war nicht nur den Nachbarn bekannt, sondern in den Großstädten ein öffentliches Ereignis. Die gängige Behauptung nach 1945 – „Davon haben wir nichts gewusst" – verdrängte in der Regel unangenehme Erinnerungen an eigenes Versagen und Weggucken.

19 Vgl. Hachmeister / Siering, Die Herren Journalisten – Die Elite der deutschen Presse nach 1945, München 2002.

20 Ein Symbol dafür ist die Mitwirkung von K. Larenz an der Festschrift für den jüdischen Remigranten Gerhart Husserl 1969. Im „Kitzeberger Lager" 1934 hatte Larenz vorgeschlagen, alle Juden aus der allgemeinen Rechtsfähigkeit des § 1 BGB auszuschließen.

21 H.M. Empell, Rezension zu: Lübbe, Hermann, Vom Parteigenossen zum Bundesbürger – über beschwiegene und historisierte Vergangenheiten, München 2007, in: ZRG GA 127 (2010) 73; Heinrich August Winkler, Aus der Geschichte lernen, DIE ZEIT, 30.3.2004.

Lübbe beschreibt zutreffend das aus sehr unterschiedlichen Motiven gängige, aber auch problematische Verhaltensmuster in der westdeutschen Nachkriegsgesellschaft. Die Ausgrenzung aller in das System Verstrickten hätte in der Notsituation nach dem Zusammenbruch 1945 in der Tat zu einer Spaltung der Gesellschaft geführt und den Wiederaufbau der Bundesrepublik belastet und verzögert.

Es gab nicht wenige Fürsprecher und **Interessenten des Vergessens**. Die Mehrheit der verschwiegenen **Betroffenen** hat das Votum Lübbes als Freispruch und als Bestätigung der von ihr praktizierten einvernehmlichen Verdrängung und Verschweigung verstanden.

Das öffentliche Bewusstsein jener Jahre war vielfach von einer offen geäußerten oder verdeckten **Schlussstrichmentalität** geprägt. Das bewusste Vergessen erleichterte das Weiterleben. Auch manche Urteile des Bundesgerichtshofes spiegeln das in ihren Begründungen. Bisweilen klingt ihr Tonfall wie aus der Zeit vor 1945.

So hatte ein SS-Sondergericht auf persönliche Weisung Hitlers am 8. April 1945 die Angeklagten Dietrich Bonhoeffer, Wilhelm Canaris, Hans Oster, Karl Sack und Ludwig Gehre zum Tode durch den Strang verurteilt. Der BGH erklärte in seinem Urteil vom 19. Juli 1956 (!) dieses Urteil des SS-Gerichts, das unter schweren Verfahrensverstößen zustande kam, für rechtmäßig. Der BGH wörtlich:

„In einem Kampf auf Leben und Tod' seien bei allen Völkern seit jeher strenge Gesetze zum Staatsschutz erlassen worden ...“ (BGH, 19.06.1956 – 1 StR 50/56).

Erst der BGH-Präsident Günter Hirsch hat sich 2002 (46 Jahre später!) für dieses Fehlurteil öffentlich entschuldigt.[22]

Der Zeitpunkt dieser Entschuldigung deutet die „Folgekosten“ der Praxis des kommunikativen Verschweigens an. Sie betreffen zwei Ebenen:

1. Zunächst die Verantwortung der NS-verstrickten Bevölkerungsteile. Die öffentlich begangenen Staatsverbrechen des NS-Regimes waren allgemein bekannt. Das wusste nach den Vorgängen am 1. April 1933, am 30. Juni 1934, am 9. November 1938 und nach der Deportation aller Juden 1941/42 die große Mehrheit der Bevölkerung.
   Theodor Heuß hat in seiner Rede zur NS-Vergangenheit 1949 mit Recht eine pauschale **Kollektivschuld** aller Deutschen an den NS-Verbrechen abgelehnt, aber gleichzeitig für alle, die um diese Verbrechen wussten und geschwiegen oder gar aktiv Beihilfe dazu geleistet hatten, eine Pflicht zur **Kollektivscham** proklamiert. Sie trat in der Folgezeit selten in Erscheinung.

22 Ansprache des Präsidenten des Bundesgerichtshofs Prof. Dr. Günter Hirsch beim Festakt aus Anlass des 100. Geburtstags von Hans von Dohnanyi am 8. März 2002.

2. Das Geschichtsbild der folgenden Generationen, denen das Geschehene verschwiegen wurde. Sie konnten aus dem, was sie nicht erfuhren, auch nichts lernen über die Risiken ihres Berufes.

Als 1968 mein Buch „Die unbegrenzte Auslegung – Zum Wandel der Privatrechtsordnung im Nationalsozialismus“ (inzwischen 8. Auflage, Tübingen 2017) erschienen war, habe ich mit einigen der namhaften und literarisch aktiven Juristen der NS-Zeit eingehende Gespräche und Korrespondenzen geführt, etwa mit Ernst Forsthoff, Karl Larenz, Rolf Dietz, Herbert Krüger, H. C. Nipperdey, Alfred Hueck, Wolfgang Hefermehl und vielen anderen. Einige waren an der „völkischen Rechtserneuerung“ nach 1933, auch an der „Entjudung“ der deutschen Rechtswissenschaft und Wirtschaft maßgeblich, ja führend beteiligt gewesen. An ein Wort zu der von Heuß geforderten Kollektivscham kann ich mich weder bei diesen Gesprächen noch mit Vertretern anderer Disziplinen erinnern.

Die umfassende, politisch vielleicht unvermeidbare Übernahme des Großteils der NS-Funktionseliten in die Aufbauphase der Bundesrepublik legt Fragen nahe, die ich im Gespräch mit Freunden, Kollegen und Studierenden zu diesem Thema oft gestellt bekam:

Was hätte der neue demokratische Rechtsstaat gegenüber wichtigen Funktionsträgern in den vorangegangen zwei deutschen Diktaturen tun können, sollen oder müssen?

- Hätte er von den Funktionsträgern ein öffentliches Eingeständnis ihrer Mitwirkung an den Unrechtsmaßnahmen verlangen müssen?
- Hätte er eine Weiterbeschäftigung nur in untergeordneten Funktionen zulassen sollen?
- Hätte er die Weiterbeschäftigung schlechthin verbieten sollen, obwohl fachlich geeignete Führungskräfte in Administration, Justiz, Wissenschaft und Wirtschaft fehlten?

Es gibt keine einfachen Antworten auf diese Fragen. Jede „schneidige" Lösung hätte in der damaligen materiellen, geistigen, politischen und moralischen Trümmer- und Krisenlage nach 1949 weitreichende Folgen gehabt. Die Regierung Adenauer hat nach gemeinwohlverträglichen Kompromissen gesucht. Das stieß neben verbreiteter Zustimmung auch auf heftige Kritik im In- und Ausland.[23]

Die totale Ausgrenzung aller NS-Funktionseliten von Führungspositionen hätte zu einer Spaltung der

23 Ein Anlass dazu war die bereits erwähnte Nachkriegskarriere von Dr. Hans Globke. Dieser hatte 1936 gemeinsam mit seinem Vorgesetzten, Staatssekretär Wilhelm Stuckart, den ersten Kommentar zu den Nürnberger Gesetzen und deren Ausführungsverordnungen verfasst. Ende Oktober 1953 stieg er zum Staatssekretär des Bundeskanzleramts auf. Zahlreiche ähnliche Karrieren gab es in der frühen Bundesrepublik in vielen Bereichen von Staat, Gesellschaft, Wirtschaft und Bildungswesen.

Gesellschaft geführt und ein großes „Widerstandspotential“ gegen den Aufbau einer demokratischen Staats- und Gesellschaftsordnung entstehen lassen.

Der Weg der Regierung Adenauer hatte positive und negative Folgen. Er hat er den Aufbau eines funktionsfähigen demokratischen und sozialen Rechtsstaates in der schwierigen Anfangsphase der Bundesrepublik nicht verhindert, vielleicht, wie Lübbe meint, sogar erst ermöglicht.

Andererseits ist nicht zu verkennen, dass nicht wenige der nun integrierten, ehemals engagierten Nazis bewusst oder unbewusst in alten Denkschemata verhaftet waren oder sogar ihre neuen Positionen dazu benutzten, um den Opfern des NS-Regimes, den in der NS-Zeit Widerständigen, den Unbelasteten oder Zurückgesetzten die Aufklärung, die Wiedergutmachung oder die Karriere in der jungen Bundesrepublik zu behindern oder zu erschweren. Die bitteren Erfahrungen des hessischen Generalstaatsanwalts Fritz Bauer sind nur eines von leider sehr vielen Beispielen.[24]

2. Kollegiale Schutzwälle der Schülerschaften

Fachlich gute Hochschullehrer ziehen begabte Schüler an. Das war nach 1945 auch bei den juristischen NS-Autoren und DDR-Autoren nicht anders.

---

24 Dem Initiator des ersten Auschwitz-Prozesses gegen den Widerstand vieler Kollegen wird die Aussage zugeschrieben: „Wenn ich mein Büro verlasse, betrete ich Feindesland.“

Um die führenden Kapazitäten der Rechtswissenschaft bildeten sich auch nach 1945/49 Schulen und „Zitier-Familien“ von fachlich qualifizierten Schülern, die ihren akademischen Lehrern in Dankbarkeit und Verehrung zugetan waren. Das führte in dieser Gruppe („Sozialisationskohorte“[25]) zu einer spezifischen „Erinnerungskultur“, die in zahlreichen Fest- und Gedenkschriften, Gratulationen und Nachrufen ihren Niederschlag gefunden hat.[26]

Schon um ihre Lehrer zu schützen, aber auch um ihr eigenes Ansehen nicht zu gefährden, hatten die Schülerschaften an der Erörterung der Rolle ihrer Lehrer in der NS-Zeit kein Interesse. Viele wurden selbst namhafte Hochschullehrer.

Die dankbaren und loyalen Schüler- und „Enkelscharen“ schirmten ihre in die NS- Rechtsperversion verstrickten, fachlich anerkannten und menschlich verehrten Doktor- und Habilitationsväter auch in ihrer eigenen Forschung und Lehre gegen Kritik konsequent ab.

---

25 Zu dem Begriff vgl. B. Rüthers, Geschönte Geschichten – Geschonte Biographien / Sozialisationskohorten in Wendeliteraturen, 2. Aufl., Tübingen 2015.

26 Zahlreiche Beispiele finden sich etwa in den zwei Bänden „Deutschsprachige Zivilrechtslehrer des 20. Jahrhunderts in Berichten ihrer Schüler – Eine Ideengeschichte in Einzeldarstellungen, hrsg. v. St. Grundmann / K. Riesenhuber, Berlin 2007 und 2010; dazu vgl. meine Rezension in: ZRG GA 129 (2012), S. 900-904; ferner B. Rüthers, „Personenbilder und Geschichtsbilder – Wege zur Umdeutung der Geschichte?“ JZ 12/2011, S. 593-601 und „Die Risiken selektiver Erinnerung – Antwort an C.-W. Canaris“ JZ 23/2011, S. 1149-1151.

Es entstand die erwähnte, über Jahrzehnte hin in Rechtswissenschaft und Justiz verbreitete „Schweigespirale“ (E. Noelle-Neumann)[27] bezüglich der NS-Zeit.

3. Instrumente der Verdrängung

a) Meine Heimatuniversität Münster hatte in der juristischen Seminarbibliothek einen sogenannten Giftschrank. Dort waren bis 1945 die Bücher jüdischer Autoren eingeschlossen, vor denen die juristischen Studierenden bewahrt werden sollten. Nach 1945 wurde der Inhalt ausgewechselt. Dort war jetzt die belastende Literatur von Fakultätskollegen aus der NS-Zeit für Studierende nur mit einer Sondergenehmigung zugänglich. Ähnliche Regelungen gab es an den meisten Fakultäten. Erörterungen in der Lehre, in Seminaren, Dissertationen und Habilitationen, die einen Fakultätskollegen belasten konnten, wurden verhindert.
b) Diese „Erinnerungskulturen“ der Funktionseliten der NS-Zeit haben Geschichtslücken der nachgeborenen Generationen bewirkt.[28] Es gibt noch heute unter den arrivierten Juristen aller Ränge nicht wenige, welche die Methoden und die Instrumente der NS-Rechtsperversion nicht oder nur vage ken-

27 Noelle-Neumann, Elisabeth, Die Schweigespirale – Öffentliche Meinung, unsere soziale Haut, Zürich / München 1980.

28 B. Rüthers, Verfälschte Geschichtsbilder deutscher Juristen? – Zu den „Erinnerungskulturen“ in Jurisprudenz und Justiz, NJW 15/2016, S. 1088-1074.

nen.[29] Aus einer Geschichte, die man nicht kennt, kann man nichts lernen. Sie wissen auch nichts von der Fortwirkung dieser Methodenpraxis bis in die Gegenwart.

Die falsche Parole, nicht die Juristen, sondern der böse „Positivismus“, also der unbedingte und unreflektierte Gesetzesgehorsam, habe das Unrecht der NS-Zeit verursacht, hatte Anhänger bis hin zu BGH-Präsidenten (H. Weinkauff, G. Hirsch). Diese lückenhafte „Erinnerungskultur“ erklärt auch auch Tatsache, dass über mehrere Generationen hin eine „Schlussstrichmentalität“ um sich greifen konnte.

c) Die Inhalte der Grundlagenfächer (Rechtsphilosophie, Rechtsgeschichte, Methodenlehre) wurden durch die Wertordnung des Grundgesetzes fundamental verändert. Diese Veränderungen wurden wegen der Befangenheit der ersten Generationen der Dozenten nach 1949 verleugnet und ausgeblendet. Die Grundlagenfächer wurden in vielen Bundesländern zu Wahlfächern degradiert. Das gilt bis heute für manche Juristenausbildungsordnungen.[30] Musterbeispiele dafür sind auch die von namhaften NS-Autoren verfassten oder fortgeführten Lehr- und Handbücher oder Kommentare in

29 Dazu B. Rüthers, Entartetes Recht, 3. Aufl., München 1994, S. 22 ff.

30 Übersicht bei David Sörgel, Die Implementation der Grundlagenfächer in der Juristenausbildung nach 1945, Tübingen 2014.

fast allen Rechtsgebieten, besonders zur juristischen Methodenlehre und zur Privatrechtsgeschichte der Neuzeit (Larenz / Canaris und Wieacker).

V. Zur Rolle der Justiz

Die Erinnerungsbereitschaft der Justiz zeigt ähnliche Verzögerungen, zum Teil skandalöse Vertuschungen, Verdrängungen und Verwerfungen wie in der Jurisprudenz.

Viele schwerste Verbrechen blieben ungesühnt, weil sie nur als Beihilfe eingestuft wurden und deshalb verjährt waren. Das darin enthaltene Skandalon kann hier nur angedeutet werden. Wie in den juristischen Fakultäten und in den meisten anderen staatlichen Institutionen war nach 1949 auch in der westdeutschen Gerichtsbarkeit die große Mehrheit der Richter und Staatsanwälte im Amt geblieben. Kontinuitäten der Gedankenwelt der NS-Zeit zeigten sich besonders in der Rechtsprechung des Bundesgerichtshofes zum Widerstand, zur Rechtmäßigkeit eines SS-Standgerichtes im KZ Flossenbürg[31] und zur Verfolgung von Sinti und Roma.[32]

31 BGH Urteil vom 19. Juni 1956 „Huppenkothen".

32 BGH Urteil 07.01.1956 – IV ZR 273/55 „Sinti und Roma".

VI. Ähnlichkeiten und Unterschiede im und nach dem Untergang der DDR

Ähnliche Erinnerungskulturen bildeten sich nach der Implosion der DDR 1989 in Ost und West. Allerdings sind hier große Unterschiede zu beachten. Die Ausgangslage des SED-Staates nach dem Ende der NS-Diktatur war eine völlig andere. Vergleichen darf also nicht mit gleichsetzen verwechselt werden. Erst der Vergleich macht die Unterschiede sichtbar. Vergleichsverbote sind Denkverbote. Erst der Vergleich zeigt, dass der NS-Staat und der SED-Staat in den Überwachungs- und Unterdrückungsstrukturen ihrer Bevölkerungen sich ähnlich waren.

Der Überwachungs- und Repressionsapparat des MfS hatte im Jahr 1989 etwa 91.000 hauptamtliche Mitarbeiter und rund 190.000 Inoffizielle Mitarbeiter (IM). In der DDR kam also ein Stasi Mitarbeiter auf etwa 60 Personen der Bevölkerung. Das Überwachungsnetz war also weit dichter als das des NS-Staates unter der GESTAPO und das der Sowjetunion unter Stalin. Nimmt man die „Gelegenheitsinformationen" über die „Hauswarte" und deren Meldepflichten von Fremdübernachtungen hinzu, so ergibt sich ein noch dichteres Überwachungsnetz.

Die perfide ausgeklügelten Techniken des Stasi-Apparates wollen manche Sympathisanten oder Nutznießer in Ost und West bis heute nicht wahrhaben. Hier zeigt sich ein Unterschied zwischen NS-Staat und SED-Staat. Der Nationalsozialismus hatte nach seinem Zusammenbruch und der Öffnung der KZs zunächst keine Anhänger mehr. Nach der Implosion des SED-Staates hingegen war dort ein beträchtlicher Teil seiner Funktionseliten – anders als nach dem Zusammenbruch des NS-Regimes – keineswegs überzeugt, dass der real existierende Sozialismus mit dem Aufstand der DDR-Bevölkerung im Oktober/November 1989 „in jeder Hinsicht verspielt" habe. Zeugnis dafür sind einige Redner auf jener Kundgebung am 4. November 1989 in Berlin, mehr noch die Strategie der Fortführung der SED in der PDS und die Fortexistenz solcher Gruppen wie das „Kommunistische Forum" in dieser Partei und die fortdauernden Glaubensbekenntnisse zum Marxismus-Leninismus in vielen Gruppen.

Nicht wenige Gegner der von der DDR-Bevölkerung erkämpften Vereinigung der beiden deutschen Teilstaaten in Ost und West hielten an ihrer Verleugnung der brutalen Realitäten und des Unrechts im realen Sozialismus („Diktatur des Proletariats") fest. Die einschlägigen Dokumentationen des Terrors im SED-Staat (etwa die Dokumentationen von Margret Bechler, Ellen Thiemann, Reiner Kunze, Walter Kempowski, Manfred Krug und Matthias Storck[33]) wurden nicht

33 Walter Kempowski, Im Block, ein Haftbericht, Reinbeck 1969; Margret Bechler, Warten auf Antwort, München 1978; Ellen Thiemann, Stell dich mit den Schergen gut, München 1990; Reiner Kunze, Die

gelesen oder verdrängt. Günter Grass nannte die DDR eine „kommode Diktatur". Die massenhafte Unterdrückung, „Zersetzung" und Ausbürgerung missliebiger Dissidenten, darunter auch vieler Schriftsteller- und Künstlerkollegen, veränderte sein Urteil nicht. Die Teilung Deutschlands wollte er als Sühne für Auschwitz gegen den Willen der DDR-Bevölkerung verstanden wissen und aufrechterhalten. Eine Wiedervereinigung lehnte er ab.[34]

---

wunderbaren Jahre, Frankfurt a. M. 1976; ders., Deckname „Lyrik". Eine Dokumentation, Frankfurt a. M. 1990; Manfred Krug, Abgehauen – Ein Tagebuch, Berlin 1997; Matthias Storck, Karierte Wolken – Lebensbeschreibungen eines Freigekauften, 1. Aufl. 1996, jetzt Taschenbuch, Brunnenverlag Gießen 2010.

34 Günter Grass: „Unterwegs von Deutschland nach Deutschland. Tagebuch 1990". Seine „Erinnerungskultur" zeigte er beispielhaft in seinen publizierten Protesten gegen den gemeinsamen Auftritt Ronald Reagans und Helmut Kohls auf dem Soldatenfriedhof in Bitburg im Jahre 1985. Dort lagen unter vielen anderen Gefallenen 42 junge Mitglieder der Waffen-SS, zwischen 18 und 23 Jahre alt. Grass warf Helmut Kohl empört „Geschichtsklitterung" vor und wandte sich gegen das Ausstellen von „Unschuldszeugnissen". Seiner Meinung nach „spricht Unwissenheit [...] nicht frei. Sie ist selbst verschuldet, zumal die besagte Mehrheit wohl wusste, dass es Konzentrationslager gab [...] Kein selbstgefälliger Freispruch hebt dieses Wissen auf. Alle wussten, konnten wissen, hätten wissen müssen." Erst 2006 erinnerte Grass sich, dass er selbst Mitglied der Waffen-SS gewesen war. Auf die Idee, 1985 zu sagen „Da hätte ich auch liegen können" kam er nicht. Das hätte seinen Nobelpreis gefährden können. Grass ist mit diesem verzögerten Eingeständnis kein Einzelfall. Alfred NevenDumont hat über den „Jahrgang 1926/27" (Köln 2007) ein aufschlussreiches Buch herausgegeben. Viele bekannte Namen wären zu nennen, die etwa ihre Mitgliedschaft in der NSDAP schlicht vergessen hatten (etwa P. Wapnewski, W. Jens u. a.).

Namhafte Kollegen, auch ehemaligen Bundesverfassungsrichter, streiten bis heute gelegentlich darüber, ob die DDR ein „Unrechtsstaat“ gewesen sei.[35] Wer die Realitäten der Bewohner des SED-Staates durch regelmäßige Besuche der „Diktatur des Proletariats“ kannte, konnte sich über solche Diskurse nur wundern.

Vor und nach 1989 hatte ich zu führenden DDR-Juristen intensive literarische und persönliche Gesprächskontakte. Durchgängig waren sie überzeugt, mit ihrer Loyalität zur DDR einem „werdenden Rechtsstaat“ gedient zu haben. Die offenkundigen Grund- und Menschenrechtsverletzungen des SED-Staates hatten sie – ähnlich wie die systemtreuen Juristen in der NS-Zeit – übersehen. Das ist nicht ungewöhnlich. Auch nach dem Zusammenbruch des NS-Regimes gab es viele Stimmen, auch aus namhaften juristischen und militärischen Funktionseliten des NS-Systems, die meinten, sie hätten von dessen staatlich organisierten Verbrechen nichts gewusst.

---

35 E.W. Böckenförde, Rechtsstaat oder Unrechtsstaat? FAZ vom 13.5.2015.

VII. Nachwirkungen falscher Erinnerungskulturen

1. Jurisprudenz und Justiz

Ist das Aufgreifen dieser Thematik 70 Jahre nach dem Zusammenbruch, 50 Jahre nach 1968 und 28 Jahre nach der Wiedervereinigung überflüssig und nutzlos? Die Folgen der verdrängten Vergangenheiten in der Gegenwart sind unverkennbar.

Die über Jahrzehnte hin in den Lehr- und Handbüchern und in den einschlägigen Vorlesungen verschwiegenen, äußerst wirksamen methodischen Beiträge der NS-Jurisprudenz zur Rechtsperversion im Nationalsozialismus sind Generationen junger Studierender unbekannt geblieben.

Das zeigt eine Besinnung auf die unreflektiert und unverändert fortgeführten Methoden der Rechtsanwendung in der Bundesrepublik. Nur sehr zögerlich setzte sich die Einsicht durch, dass die Gerichte der letzten Instanzen, also die Bundesgerichte, das Bundesverfassungsgericht, die Europäischen Gerichte (EuGH und EGMR) im Rahmen ihrer Zuständigkeiten nicht nur **Recht anwenden**. Sie setzen vielmehr oft und in großem Umfang selbst Recht. Sie entscheiden rechtskräftig über den Inhalt der Gesetze. Sie setzen im Bereich der Gesetzeslücken das sogenannte **Richterrecht**.

Das Ausmaß der verbreiteten methodischen Naivität und Unkenntnis zeigt sich beispielhaft in der Fehleinschätzung, dass das „Richterrecht ein Phänomen des Zivilrechts" sei.[36] Der Irrtum ist fundamental. Weite Teile unserer Rechtsordnung bestehen seit Langem ganz überwiegend aus Richterrecht. Das gilt vor allem für das Verfassungsrecht. Wer wissen will, was das geltende Recht des Grundgesetzes ist, muss in die 140 Bände der Amtlichen Sammlung der Entscheidungen des BVerfG schauen. Und er findet dort nicht einmal alles, weil nicht alle Entscheidungen dort publiziert werden. In allen anderen Teilrechtsgebieten ist es ähnlich. Einige zeichnen sich, wegen der Zurückhaltung der Gesetzgebung, dadurch aus, dass ganze Rechtsgebiete fast ausschließlich durch Richterrecht geregelt sind. Auch das Strafrecht kommt nicht ohne seine richterrechtlichen Elemente und Neuschöpfungen aus. Denn das Analogieverbot gilt dort nur zum Nachteil des Beschuldigten. Die Behauptung, das Richterrecht gebe es nur im Zivilrecht, ist – um in der Sprache der Autorin zu bleiben – ein methodischer „Unsinn".

Das Richterrecht wirkt weit über den entschiedenen Einzelfall hinaus, ähnlich wie ein Gesetz. Besonders brisant wird es, wenn es nicht eine vorhandene Gesetzeslücke ausfüllt, sondern wenn das Gericht meint, von

36 M. Frommel, Schlusswort, JZ 2017, S. 460-462. Fälschlich behauptet Frommel, ich hätte ihr insgesamt zugestimmt und ihre Ausführungen nur ergänzt. Das Gegenteil trifft zu. Ich habe nachgewiesen, dass die von ihr geleugnete Wende Radbruchs zum Naturrecht nach 1945 sich aus mehreren seiner Schriften unzweideutig ergibt.

einem bestehenden Gesetz abweichen zu sollen. Ein oft verwendeter Trick ist es dabei, eine nicht vorhandene, selbst erfundene Gesetzeslücke richterrechtlich zu konstruieren. Dann geht es um die Frage:

Wann ist ein Gericht befugt, bestehende Gesetze, auch Verfassungsnormen, von sich aus zu ändern oder gar aufzuheben?

Am Beispiel des Bundesverfassungsgerichts wird diese Richtermacht besonders deutlich: Denn auch bei der Anwendung des Grundgesetzes gilt nicht dessen Text und der Regelungswille / das Regelungsziel seiner Schöpfer, sondern das, was der zuständige Senat als den Inhalt der anzuwendenden Verfassungsnorm **erklärt**.

Dabei ist zu beachten: Die vom jeweiligen Gericht gewählte „Auslegungsmethode“ steuert, bewusst oder unbewusst, das Auslegungsergebnis. Das ist die inzwischen gesicherte Erfahrung aus den vielfachen deutschen Verfassungs- und Systemwechseln. Die Methodenwahl des Richters kann zum Herrschaftsinstrument über den Rechtsinhalt werden. Der Richter kann, wenn er die Methode frei wählen kann, erst die von ihm für angemessen gehaltene Lösung des Streitfalles festlegen und dann die dazu passende Auslegungsmethode wählen. Das Gegenteil steht in Art. 20 des Grundgesetzes.

Über dieses zentral wichtige **Methodenthema** ist trotz der damals durch angebliche **Auslegung** bewirkten Rechtsperversionen im Nationalsozialismus ebenfalls lange „kommunikativ“ geschwiegen worden.

Die juristische Methodenlehre wird bis heute trotz ihrer dramatischen Eskapaden in den beiden deutschen Diktaturen weitgehend historisch unreflektiert vermittelt und betrieben, und zwar von allen Obergerichten bis hin zum Bundesverfassungsgericht.

Diese rechts- und verfassungsändernden Methodenpraktiken treten durch die historischen Verschweigungen nicht in das Bewusstsein der meisten Juristen.

Besonders zeigt sich das an der herrschenden Methode einer angeblich **objektiven Gesetzesauslegung**, zu der sich inzwischen sämtliche obersten Gerichte der Bundesrepublik bekennen.

Sie hat für die Richter den Vorzug, dass die subjektiven Vorstellungen des jeweiligen Spruchkörpers als das wissenschaftlich ermittelte **objektive Gestzesrecht** angesehen und verkündet werden. Ihren Siegeszug trat diese Methode in Deutschland, nicht etwa zufällig, vor allem nach 1933 an. Man kann sie treffend als **subjektive Einlegung** bezeichnen. Die so bewirkte richterliche **Rechtsschöpfung**, richtet sich nicht selten bewusst gegen das Regelungsziel der Gesetzgebung. Sie wird aber als gesetzestreue **Auslegung** getarnt.

Auffällig ist die „Methodenscheu“ der Obergerichte: Wenn sich ausnahmsweise eines der Bundesgerichte zu methodischen Fragen äußert, wurde und wird seit Jahrzehnten als „Klassiker“ ausgerechnet und unbefangen die „Methodenlehre der Rechtswissenschaft“ von Karl

Larenz zitiert.[37] Er war einer der Lehrmeister der völkisch-rassischen Rechtserneuerung nach 1933. Noch heute wird er in Urteilen der Bundesgerichte wie ein „Klassiker" zitiert.

Erstaunlich an dieser Arbeits- und Zitierweise der Bundesgerichte in methodischen Fragen bis in die Gegenwart hinein ist die Naivität, mit der die gegenwärtig herrschende Praxis und Lehre in Methodenfragen die historisch erwiesene, zauberhafte Leistungsfähigkeit der von ihr praktizierten, angeblich „objektiven Auslegung" unreflektiert vertritt. Ihre inhaltlich dubiosen „Erfolge" in und nach zwei deutschen Systemwechseln werden beharrlich übergangen.

Darüber habe ich mehrfach mit führenden Professoren und Richterpersönlichkeiten der Bundesrepublik diskutiert:

37 Larenz war 1933, zusammen mit anderen wie C. Schmitt, E. Forsthoff, Th. Maunz, W. Siebert, ein maßgeblicher methodischer Vorreiter der völkisch-rassischen Rechtserneuerung. Dieselbe Gruppe erneuerte die gesamte deutsche Rechtsordnung mit denselben Instrumenten nach 1949 im Sinne des Grundgesetzes, ohne dass die beiden „Wendeliteraturen" zur Sprache kamen. Er schlug nach 1933 (wie erwähnt) vor, die in § 1 BGB geregelte allgemeine Rechtsfähigkeit aller Menschen im Sinne des Parteiprogramms der NSDAP (Punkt 4 und 5) für Juden einzuschränken. Die unveränderte Aktualität des Themas wird dadurch deutlich, dass C.-W. Canaris noch 2009 in einem Vortrag an der Humboldt-Universität in Berlin vor vollem Saal unwidersprochen verkünden konnte, sein Lehrer Larenz sei nie Nationalsozialist oder gar Rassist gewesen. Vielleicht wussten es die zahlreichen, überwiegend juristisch arrivierten Zuhörer aufgrund ihrer Ausbildung wirklich nicht besser?

Wolfgang Zeidler, Präsident des Bundesverfassungsgerichts, meinte dazu: „Ach wissen Sie, bei uns hat jeder Fall seine eigene Methode."

Winfried Hassemer, Vizepräsident des Bundesverfassungsgerichts, vertrat die Auffassung: „Der Richter ist in der Wahl seiner Methode frei."

Günter Hirsch, Präsident des Bundesgerichtshofs, vertrat die Auffassung: „Wenn der Richter überzeugt ist, ein Gesetz ist im Kern ungerecht, muss er *‚übergesetzliches Recht‘* anwenden." Wo er es findet, bleibt offen.

Die genannten Beispiele machen deutlich, welche Bedeutung die „Wahl" der Methoden der **Gesetzesauslegung** einerseits und der **Rechtsfortbildung** andererseits durch die Gerichte für die Erhaltung des demokratischen Rechtsstaates nach den Vorschriften des Grundgesetzes (Art. 20 und 79 GG) hat. Es kann daher keine **methodische Wahlfreiheit** der Rechtsanwender geben.

Das führt zu der Frage:

2. Sind juristische Methodenfragen Verfassungsfragen?[38]

Die dazu bekannten unterschiedlichen Kriterien, Fragen und Auffassungen sind als Gegenstand der juristi-

38 B. Rüthers, Methodenfragen als Verfassungsfragen? Rechtstheorie Heft 3/40. Band (2009), S. 253-283; ders., Wer schafft Recht? Methodenfragen als Macht- und Verfassungsfragen, JZ 2003, S. 995.

schen Methodenlehre bekannt:[39]

- Maßgeblichkeit des **Wortlauts** geltender Gesetze?
- Erkennbare wertende Entscheidungen des Gesetzgebers?
- Anpassung bestehender Gesetze an übergeordnetes geschriebenes Recht / Verfassung, z. B. bei der Homosexualität?
- Ausfüllung von Generalklauseln, unbestimmten Rechtsbegriffen mit Hilfe von geltenden neueren gesetzlichen, vor allem verfassungsrechtlichen Wertungen?
- Teleologische Auslegungen nur anhand der erkennbaren gesetzgeberischen Intentionen?
- Gesetzesanalogien insbesondere aus ähnlichen Regelungen in anderen Rechtsgebieten und neuen Gesetzen?

Entscheidend für die verfassungsgemäße richterliche Rechtsanwendung in der Bundesrepublik ist die möglichst trennscharfe Unterscheidung zwischen Gesetzesauslegung und Rechtsfortbildung durch die zuständigen Gerichte. Sie ist ein unverzichtbares Grundelement des Rechtsstaates. Das Grundgesetz regelt sie in vier Artikeln, nämlich in Art. 20 Abs. 3, Art. 79, Art. 100 und in Art. 101, Abs. 1, S. 2. Hier beginnt ein eigenes Thema. Es geht um die unstreitige Tatsache, dass sich die Bundesrepublik aus vielen Gründen auf nationaler

39 Zur Übersicht: Rüthers/Fischer/Birk, Rechtstheorie mit Juristischer Methodenlehre, 9. Auflage, München 2016, Rdnr. 640-1000.

wie internationaler Ebene zunehmend von einem **Gesetzesstaat** zu einem **Richterstaat** entwickelt hat.[40]

Die Schöpfer des Grundgesetzes haben aus den Erfahrungen der Weimarer Republik und der Deformation der Weimarer Verfassung über die Notverordnungen nach Art. 48 WRV gelernt. Deshalb haben sie Verfassungsänderungen an die strikten Voraussetzungen des Art. 79 GG gebunden. Die Aushöhlung der Grundrechte durch „Notverordnungen" (Art. 48 WRV) sollte verhindert werden.

Eine weitere Erfahrung waren die Instrumente, mit denen nach 1933 die gesamte deutsche Rechtsordnung, auch die Weimarer Verfassung, auf den Kopf gestellt wurde. Carl Schmitt hatte die Parole ausgegeben: „*Wir denken die Rechtsbegriffe um* [...] *Wir sind auf der Seite der kommenden Dinge!*"[41] Umgedeutet wurden nach diesem Programm zentrale juristische Grundbegriffe, nämlich die Rechtsfähigkeit, die Staatsbürgerschaft, Ehe, Familie, Kindeswohl, gute Sitten, wichtiger Grund und viele andere. Die Verfassung und die gesamte Rechtsordnung wurden durch den Austausch der Begriffsinhalte mit neuer „NS-Ideologie" teilweise auf den Kopf gestellt.

Die strikten Schranken des Grundgesetzes für Verfassungsänderungen wirken jedoch nur, wenn der von

40 Dazu B. Rüthers, Die heimliche Revolution vom Rechtsstaat zum Richterstaat, 2., um ein Nachwort ergänzte Auflage, Tübingen 2016.

41 C. Schmitt, Nationalsozialistisches Rechtsdenken, in: Deutsches Recht 1934, S. 225-229 (229).

den Verfassungsgebern verankerte Gebotsinhalt von der Gesetzgebung und von der Verfassungsrechtsprechung beachtet wird. Das zeigt sich in der aktuellen Debatte um das Gesetz „Ehe für alle“. Die Schöpfer des Grundgesetzes verstanden unter „Ehe“ (Art. 6 Abs. 1 GG) zweifellos nur die dauerhafte Lebensgemeinschaft eines Mannes mit einer Frau. Wer das ändern will, muss die Verfassung ändern. Das hat das BVerfG 2002 noch so formuliert:

„Zum Gehalt der Ehe, wie er sich ungeachtet des gesellschaftlichen Wandels und der damit einhergehenden Änderungen ihrer rechtlichen Gestaltung bewahrt und durch das Grundgesetz seine Prägung bekommen hat“, gehöre unter anderem, „dass sie die Vereinigung eines Mannes mit einer Frau zu einer auf Dauer angelegten Lebensgemeinschaft ist, begründet auf freiem Entschluss unter Mitwirkung des Staates“. Das Gericht stellt klar: *„Die eingetragene Lebenspartnerschaft ist keine Ehe im Sinne von Art. 6 Abs. 1 GG.“*

Die Formulierung von der „Vereinigung von Mann und Frau“ wurde sowohl vom ersten als auch zweiten Senat des Bundesverfassungsgerichts vielfach wiederholt, z. B. in einem Beschluss des zweiten Senats von 2012.[42]

42 BVerfG, Urteil des Ersten Senats vom 17. Juli 2002 – 1 BvF 1/01 – Gründe B II 1, b, aa); BVerfG, Beschluss vom 19. Juni 2012 – 2 BvR 1397/09

Der Gesetzesbeschluss des Bundestages vom 30. Juni 2017, gefeiert im Konfettiregen der neuen „Koalition Rot-Rot-Grün“ unter dem Slogan „Ehe für alle!“, ist also nach der Rechtsprechung des Bundesverfassungsgerichts eine gezielte Falschetikettierung.[43] Im Wettbewerbsrecht sind solche Strategien, mit denen der Käufer über den Inhalt der Ware getäuscht wird, verboten.

Das Grundgesetz ändert sich nicht „von selbst“ durch veränderte Lebens- und Gemeinschaftsformen in der Gesellschaft; auch nicht durch mediale Mainstreams oder durch demoskopische Umfragen. Dasselbe gilt für richterrechtlich verkündete, ideologisch begründete Gleichheitsthesen, welche die grundlegenden Verschiedenheiten einer Ehe mit gleichgeschlechtlichen Lebensgemeinschaften gleichsetzen. Das Bundesverfassungsgericht ist der Hüter, nicht ein Änderungsinstrument der Verfassung. Verfassungsänderungen durch den Austausch der Inhalte grundlegender Rechtsbegriffe sind ihm durch Art. 79 GG verboten.[44] Die Grundthese lautet: Verfassungsgrundbegriffe dürfen weder von der einfachen Gesetzgebung, noch von der Judikative inhaltlich ausgetauscht werden.

Das Risiko der Mutation der Bundesrepublik vom Rechtsstaat zum Richterstaat wird deutlich. Ich wiederhole:

43 Vgl. M. Jestaedt, „Ehe für alle?“ (FAZ v. 05. Juli 2017).

44 B. Rüthers, „Die heimliche Revolution vom Rechtsstaat zum Richterstaat“ 2. Aufl., Tübingen 2015, S. 115-138, 194-196.

Recht ist in Deutschland und auch in der Europäischen Union nicht mehr das, was in den gesetzlichen Vorschriften steht. Recht wird vielmehr das, was die zuständigen letzten Gerichtsinstanzen aus den Gesetzestexten herauslesen, besser: „hineinlesen" und rechtskräftig entscheiden. Nicht das Parlament, sondern die letzten Gerichtsinstanzen entscheiden, was geltendes Recht ist.

Das gilt nach dem Grundgesetz auch und besonders für die Entscheidungen des Bundesverfassungsgerichts. Hier zeigt sich die grundlegende Bedeutung der gerichtlichen **Methodenwahl** gerade bei letztinstanzlichen Entscheidungen.

Wenn die Gerichte ihre Methoden frei wählen können, können sie die von ihnen gewünschten Ergebnisse fälschlich als „Gesetzes**auslegung**" oder gar als „Verfassungs**auslegung**" erscheinen lassen, obwohl es sich um die „**Einlegung**" ihres eigenen **Richterrechts** handelt.

Damit bestätigt sich eine bekannte organisationssoziologische Erfahrung: Institutionen neigen dazu, ihre Machtkompetenzen nach den situativen Möglichkeiten auszuweiten. Die deutschen Systemwechsel schufen Situationen, in denen die jeweils neuen Machthaber wegen dringend erwünschter Umdeutungen der überkommenen Gesetzesordnungen darauf zielende Strategien von Justiz und Jurisprudenz begrüßten.

Auf diese Weise haben sich die Juristen in Deutschland durch ihr Training nach 1933, 1945, 1949 und

1989/90 zu „**Wende-Experten**" entwickelt.[45] Die deutschen Erfahrungen aus mehrfachen politischen System- und Verfassungswechseln sind **potentielle historische Lehr- und Lernstunden.** Sie wurden bisher in der Justizpraxis und in der Juristenausbildung wenig genutzt. Dazu gehört die Einsicht, dass bei grundlegenden Wechseln der politisch etablierten Grundwerte, wie sie bei solchen Umbrüchen stattfinden, von den öffentlich Tätigen juristische Anpassungsleistungen erwartet und auch erzwungen werden, die einem „Glaubenswechsel" nahekommen können. Vor allem von den juristischen Funktionseliten werden, wenn sie ihre Karrieren fortsetzen wollen, Leistungen erwartet, die sie – wie in anderen öffentlichen Berufen (etwa Lehrern, Journalisten und viele andere) zu „Zeitgeistverstärkern" und Propagandisten der neuen Staatsideologie machen. Von diesen Risiken mit den entsprechenden charakterlichen Anforderungen ist in der Ausbildung an den deutschen Hochschulen trotz der dramatischen deutschen „Wechselerfahrungen" nie oder selten die Rede.

Hier sind erneut beispielhaft die Juristen zu nennen. Sie haben in kurzer Zeit die jeweiligen Erwartungen von fünf sehr verschiedenen politischen Systemen mit ihren Auslegungskünsten ganz überwiegend zufriedenstellend erfüllt. Die Methoden, mit denen das jeweils erreicht wurde, werden in der Ausbildung selten und allenfalls

45 B. Rüthers, Die Wende-Experten – Zur Ideologieanfälligkeit geistiger Berufe am Beispiel der Juristen, 2. Auflage, München 1995.

am Rande analysiert.[46] Die unreflektierte Fortführung dieser Methoden bleibt in der Regel unbewusst.

Die juristische Methodenlehre war nach 1945 lange aus der Juristenausbildung weitgehend verdrängt. Noch heute kann in manchen Bundesländern dieses Fach von den Studierenden „abgewählt" werden. In Wahrheit geht es um eine unverzichtbare Schlüsselkompetenz für alle juristischen Berufe. Wer über die Rechtstechnik hinaus verstehen will, was bei dem gegenwärtigen, rasanten Wandel aller Lebensbereiche[47] in der Rechtsordnung wirklich vorgeht, ist auf die methodischen, vor allem die methodengeschichtlichen Grundkenntnisse unverzichtbar angewiesen. Die reale juristische „Erinnerungskultur" in Deutschland ist insoweit eminent lückenhaft und steigerungsfähig.

46 Dazu B. Rüthers, Entartetes Recht, 3. Aufl., München 1994, S. 22 ff.

47 H. Lübbe, Im Zug der Zeit – Verkürzter Aufenthalt in der Gegenwart, Berlin – New York 1992.

VIII. Allein die „furchtbaren Juristen“?

Das Geschilderte könnte den Schluss nahelegen, diese fragwürdige „Erinnerungskultur“ oder Verdrängungskunst des kommunikativen Beschweigens sei eine Ausnahmeerscheinung bei den Juristen.

Am 17. Februar 1978 druckte die ZEIT eine Leseprobe aus einer unveröffentlichten Erzählung von Rolf Hochhuth ab: „Schwierigkeiten, die wahre Geschichte zu erzählen.“ Die Geschichte handelte von einer Gemüsehändlerin aus der Nähe von Lörrach, die während des Krieges eine Liebesbeziehung mit dem Polen Stasiek unterhielt. Sie kam ins Konzentrationslager Ravensbrück; ihr Geliebter wurde gehenkt. Hochhuths Stück endete mit dem Absatz:

„Am wenigsten sind die Behörden des Landes Baden-Württemberg daran interessiert, die in ihrem Bundesland lebenden und dort Pension verzehrenden Mörder dieses und zahlloser anderer Polen, die aus dem gleichen ‚Grund' dilettantisch gehängt, das heißt erwürgt wurden, dingfest zu machen. Ist doch der amtierende Ministerpräsident dieses Landes, Dr. Filbinger, selbst als Hitlers Marinerichter, der sogar noch in britischer Gefangenschaft nach Hitlers Tod einen deutschen Matrosen mit Nazi-Gesetzen verfolgt hat, ein so ‚furchtbarer Jurist‘ gewesen, dass man vermuten muss – denn die Marinerichter waren schlauer als die von Heer und Luftwaffe, sie vernichteten bei Kriegsende die

Akten – er ist auf freiem Fuß nur dank des Schweigens derer, die ihn kannten.“

Der von Hochhuth verwendete Begriff eines „furchtbaren Juristen“ (er zielte auf Hans Filbinger, Ministerpräsident von Baden-Württemberg) machte anschließend Karriere, als 1987 ein Buch von Ingo Müller erschien mit dem pauschalen Titel „Furchtbare Juristen – Die unbewältigte Vergangenheit unserer Justiz“[48].

1. Die akademischen und Universitätseliten

Im November 1917 hat Max Weber vor Studenten in München seinen denkwürdigen Vortrag „Wissenschaft als Beruf“ gehalten.[49] Er endet mit dem Satz:

„Daraus wollen wir die Lehre ziehen: daß es mit dem Sehnen und Harren allein nicht getan ist, und es anders machen: an unsere Arbeit gehen und der ‚Forderung des Tages‘ gerecht werden – menschlich sowohl wie beruflich. Die aber ist schlicht und einfach, wenn jeder den Dämon findet und ihm gehorcht, der seines Lebens Fäden hält.“

Er hat darin das ideale Wahrheitsethos und die Verantwortung der Wissenschaftler beschrieben für das, was sie mit ihrer Wissenschaft bewirken oder anrichten.

48 I. Müller, Furchtbare Juristen – Die unbewältigte Vergangenheit unserer Justiz, München 1987.

49 M. Weber, Wissenschaft als Beruf. München/Leipzig 1919.

Die hier thematisierten Verfassungs- und Systemwechsel haben in allen staatsnahen Disziplinen für die darin tätigen Funktionseliten individuelle und kollektive Anpassungsprobleme mit sich gebracht. „Wissenschaft als Beruf" wurde auch zu einer Charakterfrage.

Die These Hochhuths von den „furchtbaren Juristen" wurde bald zum geflügelten Wort. Es beschränkte sich zunächst auf die „bösen" Juristen. Die pauschale Verdächtigung blieb lange an ihnen hängen. Erst allmählich setzte sich die Erkenntnis durch, dass nahezu alle anderen Funktionseliten und weit darüber hinaus viele andere Berufsgruppen ebenfalls mehr oder weniger häufig in NS-Verbrechen verstrickt waren, etwa furchtbare Beamte, furchtbare Bürokraten, furchtbare Lehrer, Journalisten, Mediziner und Biologen, die im Dritten Reich bei Menschen-Versuchen KZ-Häftlinge ermordet, dabei mitgewirkt oder gezielt „weggeguckt" hatten. Daneben gab es furchtbare Philosophen, Chemiker, Physiker, Germanisten, Soziologen, Geistliche beider Konfessionen, sogar Bischöfe, die das Judentum als die größte Gefahr erkannt hatten; ferner berühmte Regisseure, Schauspieler, Musiker, Künstler aller Sparten, nicht zuletzt Journalisten, welche für die „Entjudung" aller Lebensbereiche eingetreten waren.

Vergleichbare Erscheinungen gab es in den Funktionseliten des SED-Staates, den viele von ihnen noch nach 1989/90 gegen den Willen der großen Bevölkerungsmehrheit der DDR erhalten sehen wollten.

Viele Universitäten versuchten nach langem Schweigen über ihre Geschichte im Nationalsozialismus auf unterschiedliche Weise das Versäumte nachzuholen. Die verzögerte „Erinnerungskultur" habe ich nach Erfahrungen in vielen Universitäten (Münster, Berlin, Freiburg, Köln, Göttingen, Tübingen, München) und auch im Bereich meiner DDR-Forschung[50] und auch an meiner Universität in Konstanz beschrieben.[51]

Die Universität Konstanz ließ 2014 aus eigenen Mitteln ein Gutachten zu der NS-Vergangenheit des 1997 verstorbenen, international bekannten Konstan-

50 B. Rüthers, Arbeitsrecht und politisches System, Frankfurt a. M. 1973; Geschönte Geschichten – Geschonte Biographien, 2. Aufl., Tübingen 2015; ders., Das Scheitern des „Frühsozialismus" als Ausflucht – Das Verharren der „alten Kader" in der einstigen DDR hat tiefe Wurzeln, in: FAZ vom 7. November 1990, S. 15; ders., Recht und Juristen in der Diktatur des Proletariats, Sammelbesprechung zu: 1. Volksrichter in der SBZ, DDR 1945 bis 1952. Eine Dokumentation. Hermann Wentker (Hrsg.), Schriftenreihe der Vierteljahreshefte für Zeitgeschichte, Band 74, R. Oldenbourg Verlag, München 1997; 2. Thomas Lorenz, Die Rechtsanwaltschaft in der DDR, Berlin Verlag A. Spitz, Berlin 1998; 3. Jürgen Löbbe, Sozialistische Rechtsanwendung, dargestellt an der Rechtstheorie und der Rechtsprechung des OG der DDR zum ZGB, Studien zur Rechtswissenschaft, Band 19, Verlag Dr. Kovac, Hamburg 1998; 4. Hans Hubertus von Roenne, „Politisch untragbar ...?" Die Überprüfung von Richtern und Staatsanwälten der DDR im Zuge der Vereinigung Deutschlands, Grundlagen des Rechts, Band 7, Berlin Verlag A. Spitz, Berlin und Baden-Baden 1997, in: JZ 1999, S. 1009.

51 B. Rüthers, Erweitertes Nachwort zur 2. Auflage meines Buches „Geschönte Geschichten – Geschonte Biographien / Sozialisationskohorten in Wendeliteraturen, Tübingen 2015, S. 164 ff.; vgl. ferner mein Nachwort zur 8. Auflage „Die Unbegrenzte Auslegung", Tübingen 2017, S. 477 ff.

zer Romanisten Professor Dr. Hans Robert Jauß erstellen. Jauß war „Hauptsturmführer" (= Hauptmann) der Waffen-SS gewesen; beim Eintritt in die Waffen-SS war er 21 Jahre alt. Seine Mitgliedschaft und sein Offiziersrang in der Waffen-SS waren in der Universität Konstanz seit den 1970er Jahren bekannt und seit 1995 auch in der Literatur öffentlich diskutiert worden. Den Anstoß lieferte ein Beitrag des aus der Universität Princeton stammenden, in Wuppertal lehrenden Kollegen Earl Jeffrey Richards „Vergangenheitsbewältigung nach dem Kalten Krieg. Der Fall Hans Robert Jauß und das Verstehen".[52] Das löste ein lebhaftes internationales Echo aus.

Jauß stammte aus einer überzeugt nationalsozialistischen Lehrerfamilie, war mit 12 Jahren begeistert und freiwillig Hitlerjunge geworden, mit 21 Jahren freiwillig und überzeugt zur Waffen-SS gegangen und dort Hauptsturmführer (= Hauptmann) geworden. Die Waffen-SS hatte 1944 etwa 944.000 Mitglieder, also etwa 1000 Hauptsturmführer (vgl. B. Wegner, Hitlers politische Soldaten, Paderborn 1997, S. 210). Eine persönliche Beteiligung an oder gar Befehlsverantwortung für Kriegsverbrechen war ihm schon 1995 nicht nachgewiesen worden. Das „Gutachten" für die

52 Earl Jeffrey Richards: In: Germanisten. Zeitschrift schwedischer Germanisten 1 (1997), S. 28-43. Siehe auch Joachim Fritz-Vannahme: Ethik und Ästhetik. In: Die Zeit Nr. 38/1996; Otto Gerhard Oexle: Zweierlei Kultur. Zur Erinnerungskultur deutscher Geisteswissenschaftler nach 1945. In: Rechtshistorisches Journal, 16 (1997), S. 358-390.

Universität kommt zu dem Ergebnis, er müsse von den Kriegsverbrechen seiner Einheit „gewusst haben". Das „Gewusst-haben-müssen" ist ein fragwürdiges Argument. Wer in Deutschland wusste nichts von den Verbrechern des NS-Regimes? Die große Mehrheit der deutschen Bevölkerung kannte sie lange vor dem Krieg. Das begann mit den Morden am 30. Juni 1934 und der Pogromnacht am 9. November 1938. Die Existenz und die Verbrechen in den Konzentrationslagern waren landesweit bekannt. Die Massendeportation der Juden, die Millionen-Transporte der Deutschen Reichsbahn in die Todeslager unter Beteiligung von Tausenden von Bahnangestellten; die Beteiligung und das Wissen der Wehrmacht um die Ermordung der europäischen Juden.

Der Verdacht, Jauß sei 1943/44 persönlich an Kriegsverbrechen seiner Einheit beteiligt gewesen, wurde weder in der Debatte nach 1995 und noch durch das von der Universität bestellte Gutachten 2014/15 nachgewiesen.[53]

Noch bevor dieses Gutachten vorlag, das den Verdacht klären sollte, wurde im Auditorium Maximum der Universität ein speziell auf Jauß geschriebenes, anklagendes Schauspiel aufgeführt, das den Vorwurf, einer der Gründungsprofessoren der Universität sei

---

53 Zu dem seltsamen Verfahren an der Universität Konstanz vgl. B. Rüthers, Geschönte Geschichte – Geschonte Biographien, Tübingen 2015, Nachwort zur. 2. Aufl., S. 164-169; ferner Wolfgang Schuller, „Anatomie einer Kampagne – Hans Robert Jauß und die Öffentlichkeit", Leipzig 2017.

ein Kriegsverbrecher gewesen, suggestiv erhärtete und die moralische Vorverurteilung des „Angeklagten" einschloss. Das im Fall Jauß praktizierte Verfahren erregte in zweifacher Hinsicht Aufsehen und Widerspruch: Zum einen, weil die theatralische Vorverurteilung erfolgte, bevor der Sachverhalt aufgeklärt war; zum anderen, weil der in dem Schaustück dargestellte Sachverhalt, der die Amoralität des Angeklagten belegen sollte, niemals stattgefunden hatte und frei erfunden war.[54]

Der „Fall Jauß" und seine Behandlung in der medialen Öffentlichkeit zeigte einen bemerkenswerten Unterschied der Diskursepochen. Die NS-Vergangenheit von Hans Robert Jauß war den meisten seiner Kollegen und Assistenten seit den 1970er Jahren bekannt. Seit 1995 wurde sie öffentlich diskutiert. Damals hätte ein Diskurs der Schüler und Kollegen mit dem jetzt Verfemten einen wissenschaftsgeschichtlichen Sinn gemacht und persönlichen Mut gezeigt. 1995, als seine Stellung und Tätigkeit in der Waffen-SS erstmals öffentlich diskutiert wurde, war das Echo unter den deutschen Fachkollegen eher verhalten. Erst zwanzig Jahre später meldeten sich zahlreiche Romanisten-Kollegen mit kritischen bis moralisch vernichtenden Urteilen zu Wort. Aus „Liebedienern" wurden manchmal Scharfrichter.[55] Die von Konstanz ausgehenden Diskussions-

54 Vgl. zu den Einzelheiten die Hinweise in der vorigen Fußnote.

55 H.U. Gumbrecht, der sich auf den Lehrstuhl seines Doktorvaters Jauß in Konstanz vergeblich beworben hatte, Interview im „Südkurier" v. 6.6.2015; vgl. ferner ders., „Mein Lehrer, der Mann von der SS", in: DIE ZEIT v. 7. April 2011; Joachim Güntner, NZZ v.

beiträge zwei Jahrzehnte später – Jauß kann sich nicht mehr wehren – sagen wenig Neues über H.R. Jauß, vielleicht mehr über die Zivilcourage ihrer Autoren.[56]

Unerwähnt bleibt in der Diskussion die Tatsache, dass Jauß mit seinem Schweigeverhalten zu seiner Karriere in der NS-Zeit Hunderttausende oder mehr der damaligen deutschen Bevölkerung repräsentierte. Als Sündenbock für die Generation der Nachgeborenen taugt er nur, wenn man die Augen vor der Verstrickung der Bevölkerungsmehrheit in den Machtapparat der beiden deutschen Diktaturen verschließt, diese aus dem kollektiven Gedächtnis streicht.

Insgesamt deuten die geschilderten Vorgänge an, dass man aus dem Verhalten der akademischen Sozialisationskohorten in und nach Systemwechseln einige Regelmäßigkeiten ableiten, also manches lernen kann. Die mehrfachen politischen Umbrüche lösten in Deutschland nach 1933, 1945/49 und 1989 bei den „schreibenden Berufen“ eine spezifische Literaturgattung aus, die ich „Wendeliteraturen“ nenne. Wer von den „Kadern“ des vergangenen Regimes im neuen Staat

---

26.2.2015; „Neue Vorwürfe gegen Hans Robert Jauss /Akademisches Aushängeschild mit braunen Flecken; A. Buschmann, „Führer und Geführte“ – Hans Robert Jauß war ein legendärer Romanist – und ein SS-Verbrecher, in DER TAGESSPIEGEL v. 15.6.2016; ferner: Paul Ingenday, Rückschau bringt Dämonen hervor, FAZ v. 16.6.2016, S. 9; J. Kelter, langjähriger Schüler von Jauß, analysiert die wechselnden Befindlichkeiten der Kollegen und der Schüler von Jauß, auch der eigenen, in: „Der Fall Jauß: Ein Lebenslauf als Provokation“ in: seemoz – Onlinemagazin am Bodensee, 5. April 2017 S.1-8.

56 Mir kommt unwillkürlich Matthäus 24,28 in den Sinn.

seinen Beruf und seine Karriere fortsetzen wollte, musste ein Mindestmaß an Loyalität gegenüber der neu etablierten Wertordnung beweisen. Bei manchen Autoren zeigen sich geradezu rauschhafte Lobpreisungen für das neue, nun als besser geltende System und der Wille, an dessen Aufbau und Festigung mitzuarbeiten.

Das gilt besonders für Angehörige der „staatsnahen" Wissenschaftsgebiete und Berufsgruppen (Philosophie, Germanistik[57], Geschichte, Soziologie, Biologie, Medizin und viele andere). Auch führende Vertreter beider christlicher Konfessionen neigten zu einseitigen, beschönigenden und falschen, bisweilen bewusst verfälschten kirchengeschichtlichen Erinnerungen.[58] Für jede Disziplin lassen sich bekannte Namen nennen.

Auch in den theoretischen Naturwissenschaften gab es ähnliche Bestrebungen (für eine „deutsche – arische! – Mathematik und Physik").[59]

---

57 Besonderes Aufsehen erregte die „Enttarnung" des früheren Rektors der RWTH Aachen Schwerte / Schneider 1995, der als SS-Hauptsturmführer unter falschem Namen eine wissenschaftliche Karriere gemacht hat.

58 Hans Müller (Hrsg.), Katholische Kirche und Nationalsozialismus, dtv-Taschenbuch, 1965; Klaus Scholder: Die Kirchen und das Dritte Reich. Bände 1–3, Berlin 1977–2001 (3. Bd. Von Gerhard Besier); Ernst Wolf, Kirchenkampf. Artikel in: Die Religion in Geschichte und Gegenwart, 3. Auflage 1959, S. 1443-1453; Gerhard Besier, Kirche, Politik und Gesellschaft im 20. Jahrhundert (Enzyklopädie deutscher Geschichte, Band 56), Berlin 2000.

59 Es wurde etwa eine nationalsozialistische „Deutsche Physik", auch „Arische Physik", verkündet, die etwa 30 deutsche Physiker vertraten, welche die Physik mit rassistischen Ansichten vermischten. Sie war geprägt von dem antisemitischen Gedankengut. Vgl. etwa

Dabei gab es unter den Wissenschaften deutliche Unterschiede. Bei den staatsnahen Disziplinen (Jurisprudenz, Justiz, Philosophie, Geschichte, Soziologie u. a.) traf der Anpassungsdruck oft den ganzen oder doch die Mehrheit des Berufsstandes. Nach dem Ende eines totalitären Regimes war die Mehrheit derer, die darin Karriere gemacht hatten, mehr oder weniger in das „Systemunrecht" verstrickt. In den eher ideologieneutralen Disziplinen waren in der Regel, wie der Fall Jauß zeigt, nur diejenigen verdächtig, die sich außerhalb ihrer Wissenschaft als Funktionseliten des Regimes engagiert hatten. Das erklärt vielleicht auch den Eifer der unbelasteten Kollegen, die sich zahlreich mit kritischen Urteilen zu Wort melden.[60] Ihre Kritik erweckt den Eindruck, sie hätten sich in ähnlicher Situation natürlich moralisch korrekt verhalten. Sie bezeugt den nach 1945 häufig anzutreffenden, „nachgeholten" oder putativen Widerstand gegenüber Versuchungen, die sie nicht zu bestehen hatten.

Die differenzierte historische Aufarbeitung der Rolle der deutschen Universitäten in den verschiedenen politischen Systemen ist nicht abgeschlossen. Das Herausheben einzelner „Sündenböcke" vernebelt oft die Tatsache, dass die große Mehrheit der akademischen

---

Philipp Lenard: Deutsche Physik. München 1936, Bd. I, Vorwort. Ähnlich für die rassisch begründete „Deutsche Mathematik" vgl. die von Ludwig Bieberbach gegründete Zeitschrift „Deutsche Mathematik" Bd. 1, 1936.

60 Vgl. Fußnote 55.

Führungsschichten mehr oder weniger überzeugt und bereitwillig mitgelaufen ist.

Der Versuch, einzelnes fragwürdiges Handeln oder Fehlverhalten Jahrzehnte später nach Art von Schauprozessen öffentlich zu brandmarken, ist geeignet, die Gesamtverantwortung und die gebotene Kollektivscham breiter Bevölkerungsschichten in der NS-Zeit zu verdrängen. Der treffende Name dafür ist die „zweite deutsche Schuld".[61]

Auffällig sind die Unterschiede der deutschen Universitäten im Umgang mit der NS-Vergangenheit ihrer Hochschullehrer und Ehrensenatoren. Würden sie für alle belasteten Personen nachträglich Gutachter zur Aufklärung bestellen, wären eine ganze Flut von NS-Biographien zu erwarten, etwa für Tübingen Hamburg, Kiel, Göttingen, Köln, München, Mainz und andere …

Alfred Neven DuMont hat 2007 die Erinnerungen einer interessanten „Sozialisationskohorte" an die „Jahre unter dem Hakenkreuz" herausgegeben.[62] Die dort versammelten Eigenberichte vermitteln ein interessantes Panorama unterschiedlicher, gruppenspezifischer Geschichtsbilder von Intellektuellen in der NS-Zeit. Die Autorinnen und Autoren stammen aus ganz ver-

61 Ralph Giordano, Die zweite Schuld oder Von der Last Deutscher zu sein, Hamburg 1987.

62 Jahrgang 1926/27 – Erinnerungen an die Jahre unter dem Hakenkreuz, 3. Aufl., Köln 2007.

schiedenen Lebensbereichen (u. a. Erhard Eppler, Hans Dietrich Genscher, Barbara Rütting, Uta Ranke-Heinemann, Siegfried Lenz, Reinhard Appel, Otto Graf Lambsdorff, Hermann Lübbe u.a.). Aus der Lektüre bleibt die Erinnerung, dass allein die Schauspielerin Barbara Rütting bekannte, eine so begeisterte junge Nationalsozialistin gewesen zu sein, dass sie bereit war, auch regimefeindliche Äußerungen engster Familienmitglieder bei der Gestapo anzuzeigen. Mehrere Autoren des Buches hatten ihre NSDAP-Mitgliedschaft nicht gekannt, „vergessen", oder rechtfertigen sie auf ihre eigene Weise. Die Realität aber ist, dass die Mehrheit dieser Generation des mittleren und gehobenen Bürgertums aus sog. ‚besten deutschen Familien' von Elternhaus, Schule und Kirche zum Nationalsozialismus ge- oder verführt worden war.

Ergänzende Nachweise der Parallelen in allen deutschen Lebensbereichen würden Bände füllen. Der Ansturm von Kandidaten nach den Märzwahlen 1933 auf die Mitgliedschaft in der NSDAP führte zu einer generellen Aufnahmesperre.

Wer von den fachlich Hochbegabten in der NS-Zeit bereit war, sich in den Dienst der Rassenideologie des NS-Staates zu stellen oder davon zu profitieren, der hatte in allen Berufsbereichen große Karrierechancen. Dasselbe galt für alle staatsnahen Institutionen, etwa der Medizin (Euthanasie!) sowie für viele andere Berufsgruppen, besonders auch für Journalisten und Künstler aller Sparten. Gleiches galt in der DDR.

Weggucken und kommunikatives Beschweigen war die „Überlebenskunst".

2. Medieneliten als Zeitgeistverstärker

Die Rolle der Medien als gleichgeschaltete staatlich gelenkte Propagandainstrumente in den beiden deutschen Diktaturen ist hinlänglich bekannt. Die Bereitschaft der Medienbediensteten, diese Funktion geschmeidig wahrzunehmen, war, wie bei den eidgebundenen Beamten, eine Voraussetzung für ihre Weiterbeschäftigung.

Das führt bei den Medieneliten – ähnlich wie bei den Juristen und allen eidgebundenen Beamten – **vor, in und nach** politischen Systemwechseln bei den meisten dort Tätigen zu unvermeidlichen, existentiell bedeutsamen Anpassungsstrategien. Sie standen vor der Frage: Bin ich bereit, dem neuen, „etablierten Zeitgeist" zu folgen, muss ich einen anderen Beruf wählen oder emigrieren? Diese Situation führte nach 1945/49 und ähnlich 1989/90 dazu, dass viele erfolgreiche Journalisten der NS-Zeit und der DDR sich in der Bundesrepublik in den neuen „demokratischen" Medien mit teils neuen Überzeugungen erfolgreich etablieren konnten.

Unter der Kontrolle der alliierten Besatzungsmächte wurden 1945 für die Vergabe von Lizenzen für Funk- oder Printmedien **„vier D"** gefordert und programmiert: Demokratisierung, Denazifizierung, Demilitarisierung und Dekartellisierung. Zu dem begrenzten Erfolg dieser Bemühungen liegen für die Bundesrepublik u. a. zwei interessante Untersuchungen vor. Sie belegen mit ausführlichen Nachweisen die Tatsache:

Die Mehrheit der Journalisten, auch und gerade die fachlich qualifizierten, blieb ihrem Beruf treu. In den Leitmedien (Presse und Rundfunk) haben nach 1945 zahlreiche früher überzeugte NS-Journalisten beim Neuaufbau an prominenten Stellen mitgewirkt. Es handelt sich insoweit um ein berufstypisches „Rollenverhalten professioneller Kommunikatoren". Ähnliches war nach 1989 bei den Funktionseliten der DDR-Medien zu beobachten. Es handelt sich offenbar um ein wiederholtes „Handlungsmuster im politisch-historischen Prozess".[63]

Weder die Medienkonzerne und Rundfunkanstalten noch die Berufsverbände der Journalisten haben sich bei der Aufklärung ihrer NS-Geschichte besonders engagiert. Sie konnten oder wollten auf die „Fachleute" des untergegangenen Systems ebensowenig verzichten wie Adenauer auf die Offiziere der Wehrmacht beim Aufbau der Bundeswehr. Ein Unterschied bestand darin, dass die Medien ihre Stäbe nach eigenen Maßstäben aussuchten, während für die Übernahme der Wehrmachtoffiziere in die Bundeswehr 1955 durch ein

63 L. Hachmeister / F. Siering, Die Herren Journalisten – Die Elite der deutschen Presse nach 1945, München 2002; P. Köpf, Schreiben nach jeder Richtung – Goebbels-Propagandisten in der westdeutschen Nachkriegspresse, Berlin 1995; Sigrun Schmid, Journalisten der frühen Nachkriegszeit, Köln / Weimar / Wien 2000.

Bundesgesetz ein „Personalgutachterausschuss" bestellt wurde.[64]

Eine ähnliche Prüfung der Mitarbeiter in den Medien gab es nach den Zusammenbrüchen 1945 und 1989 nicht. In den dazu vorliegenden Untersuchungen[65] werden vor allem als „seriös" geltende Blätter wie FAZ, SZ, ZEIT, Spiegel, Stern, Springer-Presse und Funkmedien behandelt. Im Ergebnis stellen die Autoren fest, dass die meisten der ehemals nationalsozialistischen Medieneliten ihre Arbeit perfekt dem neuen Wertesystem der Bundesrepublik anpassten, wie sie selbst und ihre Berufsgruppe das auch bei anderen Systemwechseln getan hatten. (Beispiele: Karl Korn FAZ; Giselher Wirsing CRIST UND WELT; Franz Six, Mitinhaber und Geschäftsführer des C. W. Leske Verlages; Werner Höfer, WDR). Als Ausnahme wird auf das Gegenbild der „Frankfurter Rundschau" verwiesen.

Die bereitwillige Anpassung an die wechselnden Zeitgeister ist danach ein professionelles journalistisches Dauerrisiko: Ihr Beruf ist es quasi als „Wellenrei-

---

64 Der Ausschuss überprüfte alle Bewerber für Offiziersstellen vom Oberst aufwärts in einem geheimen Verfahren auf ihre persönliche Eignung. Generale und Obersten der Waffen-SS sowie Angehörige des ehemaligen Nationalkomitees Freies Deutschland durften nicht eingestellt werden. Verneinte der Ausschuss die persönliche Eignung, so durfte der Bewerber nicht eingestellt werden. Dem Gremium gehörten 25 Männer und Frauen des zivilen Bereichs aus verschiedenen politischen Richtungen und gesellschaftlichen Institutionen an sowie 13 frühere Berufssoldaten der Wehrmacht, die selbst nicht für eine Reaktivierung vorgesehen waren.

65 Wie Hachmeister/Siering, Fn. 64

ter auf den Schaumkronen des Zeitgeistes zu agieren". Die mehrheitliche Berufsmentalität richtet sich, wie die Kommunikationsforschung und die historischen Beispiele zeigen, auf die jeweilige – oft missionarisch betriebene – „Zeitgeistverstärkung".[66]

Das scheint heute nicht viel anders zu sein. Beispiele dafür liefern oft die Anmoderationen zu den Nachrichtensendungen der ARD und des ZDF (Kleber und Slomka), die den Zuschauern schon vor den Nachrichten sagen, was sie von den folgenden Fakten und ihren Zusammenhängen zu denken haben und wie sie zu bewerten sind. Die Nachrichten werden von den vorab aufgedrängten Meinungen der Moderatorinnen und Moderatoren nicht getrennt, sondern beides (bewusst?) vermischt.

3. Großunternehmen

Ähnliche personelle Strukturen wie in den Medien wiesen die Leitungsebenen vieler Großunternehmen, besonders staatseigene und ehemalige „Nationalsozialistische Musterbetriebe" nach 1945 auf. Hier fanden Spitzenfunktionäre des NS-Regimes, etwa Spitzenbeamte der „Reichskanzlei", Wehrwirtschaftsführer und ehemalige Gestapo-Chefs und verurteilte, vorzeitig freigelassene Kriegsverbrecher nach ihrer Entlassung aus alliierter Haft eine bereitwillige „Willkommenskultur" bei alten Kameraden.

66 Vgl. Dazu R. Köcher, Berufsethik von deutschen und britischen Journalisten, Diss. München 1986.

4. Politische Institutionen

Politische Institutionen, besonders die maßgeblichen Verfassungsorgane, sind, nicht nur in totalitären Systemen, sondern auch im Alltag des demokratischen politischen Prozesses dem unmittelbaren Einfluss der rasanten Veränderungsgeschwindigkeiten aller Lebensbereiche in der Gegenwart und ihren Folgewirkungen auf den medial gesteuerten „Zeitgeist" ausgesetzt. Die Wendigkeit und „Windigkeit" der politischen Entscheidungen werden an vielen Beispielen deutlich: Die umstürzenden energiepolitischen Ereignisse in Japan (AKW Fukushima), die 2011 zum plötzlichen, in den Folgen unkalkulierten „Atomausstieg" in Deutschland geführt haben[67], die weltweiten Flüchtlingsströme des Jahres 2015, ihre Folgen in Deutschland und in der EU sowie der handstreichartige Überraschungscoup, der im Gesetz „Ehe für alle" ein vorläufiges, zweifelhaftes Ende gefunden hat, zeigen die Entscheidungszwänge, aber auch die taktischen Tricks, mit denen politische Instanzen auf vermeintlich „alternativlose" Situationen im Sinne des jeweiligen Zeitgeistes zu reagieren pflegen.

67 Das Gegenbeispiel rationaler Gelassenheit bietet die Schweiz. Sie steigt nach einer Volksabstimmung 2017 aus der Atomkraft aus. Allerdings lassen sich die Eidgenossen Zeit: Ihre alten AKW (auch kurz hinter der deutschen Grenze) dürfen aber noch lange laufen.

5. Die allgemeine Scheu, sich zu erinnern

Die Reihe der gesellschaftlichen und staatlichen Institutionen, die ähnliche „Wendevergangenheiten" aufzuweisen haben, ließe sich beliebig fortsetzen. Ich nenne als besonders skandalöse Beispiele noch Eliten von Großbanken und die nationalen wie internationalen sogenannten Sporteliten (FIFA, UEFA, DFB). Allen gemeinsam war und ist das Verschweigen, vertuschen und Verdrängen eklatanter schwerer Rechtsverstöße und Fehlleistungen. Nicht selten gilt das auch für namhafte Familienclans.

Zahlreiche jüngere und gegenwärtige dubiose Vorgänge und offene Skandale in global tätigen deutschen Vorzeige-Unternehmen und auch in ihren Gewerkschafts-Vertretungen und Mitbestimmungsgremien (etwa bei Siemens, VW, Audi, Daimler-Benz, Deutsche Bank u.v.a.) zeigen vielleicht die fortdauernden Folgen eines allgemein schwindenden Bewusstseins für die Mindestanforderungen des Anstandes und der Gesetzestreue, die bei Funktionseliten selbstverständlich sein sollten. Diese Entwicklung ist, wie ein Blick auf andere Gesellschaftsbereiche zeigt, nicht auf die Wirtschaft beschränkt. Sie hat inzwischen, so deutet die Fülle entsprechender Skandalmeldungen an, ein für die Funktionsfähigkeit des Gesamtsystems bedrohliches Ausmaß erreicht. Könnte hier ein Zusammenhang mit den tiefgreifenden, kollektiven und weitgehend verdrängten

Erosionen der Sozialmoral in beiden deutschen Diktaturen bestehen?[68]

Wichtiger als „die Unfähigkeit zu trauern“[69], war und ist die verbreitete „Unwilligkeit, sich zu erinnern“. Sie schuf „Erinnerungsunkulturen“ mit verhängnisvollen Folgen.

Das kommunikative Schweigen deutscher Funktionseliten über ihre Beiträge zur Unrechtsgeschichte der beiden deutschen Totalitarismen betrifft nach allem nicht eine ferne Vergangenheit, sondern es geht um die Fortwirkungen in der Gegenwart und um die Zukunft.

---

68 Eine umfassende soziologische Untersuchung zur Entwicklung der Korruption in den deutschen Führungseliten, ihrer Ursachen und möglichen Einschränkungen steht noch aus.

69 A. und M. Mitscherlich, Die Unfähigkeit zu trauern, München 1967.

IX. Versuch eines Fazits

Das Geschilderte lässt sich in dreizehn Hypothesen zusammenfassen:

1. Die erwähnten sieben deutschen Verfassungen in einem Jahrhundert brachten jeweils Berufsrisiken der Funktionseliten in den staatsnahen Wissenschaften und Berufen mit sich. Einschneidende Systemwechsel bewirken in der Regel einen Wechsel der etablierten Wert- und Weltanschauungen. Das neue politische System erwartete regelmäßig einen Gesinnungs- und Moralwechsel seiner Funktionseliten.
2. Totalitäre Systeme können nur funktionieren, wenn und weil eine Mehrheit der Bevölkerung, und zwar besonders die Vertreter der intellektuellen Berufe und die Führungsschichten sich der systematischen Unterdrückung des totalitären Terrors fügen oder aus Überzeugung mitmachen oder wenigstens „mitlaufen".
3. Funktionseliten leben in solchen Situationen gefährlich. Dieses Risiko wird den Studierenden in ihrer akademischen Ausbildung selten nahegebracht.
4. Es ist nicht auszuschließen, dass sich ähnliche Ereignisse in unserem „Zeitalter der Ideologien"[70] wiederholen.

70 K.D. Bracher Zeit der Ideologien – Eine Geschichte politischen Denkens im 20. Jahrhundert, Stuttgart, 1982.

5. In Deutschland besteht eine gespaltene Bewusstseinslage. Einerseits hat die Bundesrepublik als Staat gegen heftige innere Widerstände von Anfang an versucht, die NS-Vergangenheit des „Großdeutschen Reiches“ als Teil ihrer Geschichte anzunehmen und zu verantworten. Im Vergleich zu Ländern mit ähnlichen „Vergangenheiten“ wurde bei uns viel geleistet.[71]
6. Andererseits wurde die Tatsache lange verdrängt, dass der Wiederaufbau des zerstörten Landes durch die Integration ehemals engagierter Nationalsozialisten aller Lebensbereiche in den Aufbauprozess der Nachkriegszeit, auch in führenden Funktionen, erleichtert, wenn nicht ermöglicht wurde. Das hatte allerdings die erwähnten negativen „Nebenfolgen“.
7. Bis heute wird die Tatsache, dass ein akademisches Studium in aller Regel mit der Übernahme von Führungsfunktionen, also gesellschaftlicher und moralischer Verantwortung verbunden ist, in den Ausbildungskonzepten der Hochschulen weitgehend verdrängt oder ganz ausgeblendet. Sie sind allein auf die fachliche Kompetenz und ökonomische Effizienz der Studierenden konzentriert.
8. Diese Verengung des Blickwinkels hat Folgen. Die modernen Funktionseliten leben in einer eigenen, auf den Karriereerfolg beschränkten, Welt. Ihr Wir-

71 Die gelungene Aussöhnungspolitik Adenauers gegenüber Frankreich, Großbritannien, den USA, Israel, der UDSSR sowie den übrigen Kriegsgegnern hat hier eine ihrer Ursachen.

ken und Streben ist darauf primär gerichtet, die eigenen Interessen zu realisieren und zu verteidigen. Das gilt auf nationaler und, wie u. a. das internationale Bankensystem zeigt, auch auf internationaler Ebene.

9. Da im internationalen Bereich die Kontrollinstrumente einer funktionsfähigen Demokratie fehlen, gerät die Politik in die Gefahr, in die Geiselhaft internationaler Großkonzerne zu geraten.
10. Die untersuchten Verhaltensmuster von Funktionseliten in Phasen der politischen Umbrüche des letzten Jahrhunderts legen Fragen nahe:
    - Sind die Auswahl und die Ausbildung unserer Führungsstäbe auf die Risiken einer möglichen Wiederholung solcher und ähnlicher Umbrüche ausgerichtet?
    - Würde das Verhalten der gegenwärtigen Generation unserer Funktionseliten sich in den angedeuteten Gefahrenlagen wesentlich von den Funktionseliten nach 1933, 1945/49 und 1989/90 unterscheiden?
    - Werden die Studierenden an den deutschen Universitäten auf ihre Führungsaufgaben und die damit verbundene gesellschaftliche, politische und menschliche Verantwortung in geeigneter Weise vorbereitet?
11. Die oft fälschlich bezeichnete sog. „Vergangenheitsbewältigung“ der beiden deutschen Diktaturen wird in der Bundesrepublik bis heute, vor al-

lem von historisch Unkundigen, bisweilen als ein „Weltgericht der Nachgeborenen" über die Generationen betrieben, die nach 1933 in die Rechtsperversion des NS-Staates und nach 1945/49 in die zweite Rechtsperversion des SED-Staates hineingeboren und verwickelt waren. Die Nachkriegs- und Nachwendegenerationen genießen die oft zu Unrecht geschmähte „Gnade der späten Geburt".[72]

12. Die Mehrheit der Funktionseliten ist nach der jeweiligen „Wende" in ihren Positionen verblieben, hat, teils als „Klassiker", ihre Karriere ihm neuen System fortgesetzt, ihre Mentalitäten eingebracht und weitergegeben. Ihre subjektiv verständlichen Verschweigungen und Verdrängungen haben das Geschichtsbild von nachfolgenden Generationen verfälscht. Die dadurch entstandenen Wissens- und Bewusstseinslücken der Nachgeborenen werden bis heute verkannt oder übersehen. Aus einer Geschichte, die man nicht kennt, kann man nichts lernen.
13. Wer sich nicht oder falsch erinnert, den bestraft die Zukunft. Es besteht die Gefahr, dass die Strafe eine unschuldige Generation trifft.

---

72 Es ist vielleicht an der Zeit, Bert Brechts Gedicht „An die Nachgeborenen" (1939) wieder zu lesen: B. Brecht, Gedichte 1926–1956, Eine Auswahl, Frankfurt a. M. – Wien – Zürich, 1976, S. 9-12.

Rüthers, Bernd, geboren 1930 in Dortmund, wurde 1958 in Münster mit einer Arbeit über „Streik und Verfassung“ promoviert. Von 1960–1963 war er Direktionsassistent der Daimler-Benz AG. 1968 habilitierte er sich in Münster über „Die unbegrenzte Auslegung – Zum Wandel der Privatrechtsordnung im Nationalsozialismus“.

Von 1968–1971 war er Professor an der Freien Universität Berlin (FU Berlin) und Direktor des Instituts für Rechtssoziologie und Rechtstatsachenforschung, daneben Mitglied des Kuratoriums der FU Berlin. Daran schloss sich eine Professur für Zivilrecht und Rechtstheorie an der Universität Konstanz an. 1971/72 gehörte er der Sachverständigenkommission an, die für die Regierung Brandt/Scheel die „Materialien zur Lage der Nation (Rechtsvergleich Bundesrepublik – DDR)“ vorbereitete. Er erhielt Rufe nach Darmstadt, Bielefeld, Augsburg, Trier und zweimal nach Münster. 1967–1972 war Rüthers Mitglied des arbeitsrechtlichen Beraterkreises beim Bundesvorstand des DGB, 1970–1977 Mitglied der Arbeitsgesetzbuch-Kommission der Bundesregierung, 1976–1989 Richter am Oberlandesgericht Stuttgart. Daneben lehrte er gastweise acht Jahre Rechtsphilosophie an der Handelshochschule, später Universität St. Gallen. Von 1991 – 1996 war er Rektor der Universität Konstanz. Er war Mitglied von universitären und staatlichen Evaluationskommissionen; von 2000 bis 2006 Vorsitzender des Hochschulrates der Pädagogischen Hochschule Weingarten; von 1996–2014 Vorstand der Stiftung Demoskopie Allensbach.

Bücher zum Themenbereich (Auswahl):

1. Rechtstheorie und Juristische Methodenlehre (seit der 6. Aufl. zus. mit Chr. Fischer und A. Birk), 9. Auflage, München 2016
2. Die unbegrenzte Auslegung / Zum Wandel der Privatrechtsordnung im Nationalsozialismus, Tübingen 1968, 8., um ein Nachwort erweiterte Auflage, Tübingen 2017
3. Materialien zur Lage der Nation, Kapitel IV: Arbeitsrecht, Bundestags-Drucksache VI/3080; zugleich: Arbeitsrecht und politisches System BRD : DDR, Fischer-Athenäum-Taschenbuch, Frankfurt a. M. 1973
4. Geschönte Geschichten – Geschonte Biographien / Sozialisationskohorten in Wendeliteraturen, 2. Aufl. Tübingen 2015
5. Universität du Gesellschaft – Thesen zu einer Entfremdung, UVK Konstanz 1980
6. Rechtsordnung und Wertordnung – Zur Ethik und Ideologie im Recht – UVK Konstanz 1986
7. Wir denken die Rechtsbegriffe um... / Weltanschauung als Auslegungsprinzip, Zürich, 1987
8. Die Wende-Experten – Zur Ideologieanfälligkeit geistiger Berufe am Beispiel der Juristen, 2. Auflage, München 1995
9. Immer auf der Höhe des Zeitgeistes? Wissenschaft im Wandel der politischen Systeme am Beispiel der Jurisprudenz, UVK Konstanz 1993
10. Zeitgeist und Recht, Walter-Raymond-Stiftung, Kleine Reihe Heft 62, Köln 1997
11. Toleranz in einer Gesellschaft im Umbruch, UVK Konstanz, 2005
12. Das Ungerechte an der Gerechtigkeit, 3., überarbeitete und ergänzte Auflage, Mohr Siebeck, Tübingen 2009
13. Verräter, Zufallshelden oder Gewissen der Nation? – Facetten des Widerstandes in Deutschland, Tübingen 2008;
14. Die einsamen Außenseiter – Deutscher Widerstand im Lichte des wechselnden Zeitgeistes, UVK Konstanz 2010
15. Die heimliche Revolution vom Rechtsstaat zum Richterstaat – Verfassung und Methoden, Tübingen 2014, 2. Aufl. 2015

Daneben zahlreiche Aufsätze.

UVK

UVK